GEORGINE STEININGER

TRENNUNG UND SCHEIDUNG

Georgine Steininger

TRENNUNG UND SCHEIDUNG

Hilfen für Betroffene

Verlag Styria Graz Wien Köln

CIP-Kurztitelaufnahme der Deutschen Bibliothek

Steininger, Georgine:
Trennung und Scheidung : Hilfen für Betroffene
Georgine Steininger. – Graz; Wien; Köln:
Verlag Styria, 1984.
ISBN 3-222-11517-6

1984 Verlag Styria Graz Wien Köln

Printed in Austria
Umschlaggestaltung: Christoph Albrecht
Gesamtherstellung: Druck- und Verlagshaus Styria, Graz
ISBN 3-222-11517-6

Inhaltsverzeichnis

Vorwort

Um Mißverständnisse auszuschließen, möchte ich klarstellen, wie dieses Buch gemeint ist, wozu es dienen soll und was man von ihm nicht erwarten kann. Krisensituationen wie das Auseinandergehen von Beziehungen, Trennung und Scheidung stellen tiefgreifende Einbrüche im Leben der Betroffenen dar und spielen sich nicht nur auf einer, sondern auf mehreren Ebenen gleichzeitig ab. Es wird daher kaum möglich sein, daß ein Experte sämtliche Ebenen, die tangiert sind, ausreichend behandeln und überall helfend eingreifen kann.

Der Berater oder Therapeut ist selbstverständlich mit dem menschlichen Konflikt auf der Beziehungsebene befaßt und wird seine Hauptaufgabe darin sehen, hier Wandel zu schaffen. Er wird, obwohl er meist in seiner Berufslaufbahn auch eine juristische Ausbildung mitbekommen hat, niemals den Juristen, den Anwalt oder Notar ersetzen können, noch weniger aber dies wollen. Daher sind jene Kapitel, die sich mit juristischen Fragen befassen, lediglich als ein Hinweis, als eine Art Fingerzeig gedacht, wo die größten Schwierigkeiten liegen könnten, wo sich eventuelle Fallgruben befinden. Es ist keineswegs so, daß der Leser den Eindruck bekommen soll, er wisse nun genug und spare sich lästige Gänge zu Ämtern bzw. bedürfe keiner speziellen juridischen Beratung mehr, er erspare sich nun den Anwalt und damit kostbare Zeit und Geld. Juristische Fragen sind viel zu kompliziert und zu komplex, um von einem Nichtfachmann sinnvoll und erschöpfend behandelt werden zu können. Sie sind aber für das Weiterleben nach Trennung oder Scheidung entscheidend.

Ich halte es daher für völlig verfehlt, wenn die Betroffenen diesen Belangen wenig Bedeutung beimessen und in verständlicher Verzweiflung oder Depression die Haltung an den Tag legen, es sei sowieso alles gleich, weil alles schon „verloren“ sei. Es ist nur natürlich, daß viele glauben, die Welt gehe unter und es lohne sich nicht mehr zu leben, wenn eine innige Beziehung zerbricht. Oder andere meinen, alles sei gleichgültig, weil sie ihre Freiheit haben wollen und eventuell schon anderen Ufern zustreben. Der Katzenjammer bleibt nicht aus. Nach einigen Monaten verebbt der tiefste Schmerz meist etwas. Im anderen Fall verliert die neue Freiheit etwas von ihrem faszinierenden Glanz, und man ist mit der sehr harten Wirklichkeit konfrontiert, die da heißt: Bewältigung des Alltags. Das bedeutet nun einmal Lebenshaltungskosten, Kleidung und zusätzliche Kosten im Falle von Krankheit. Es ist keine glückliche Lösung, wenn eine Frau die Ansicht vertritt, es sei ihr alles egal, wieviel und ob sie überhaupt Unterhalt für sich und die Kinder bekäme, wenn nur endlich die Unsicherheit, die Demütigung, der Streit oder was immer für sie unerträglich geworden ist, ein Ende nähme. Ich schließe mich nicht ganz dem zynischen Ausspruch einer Französin an, die sagte, in Nerz und Perlen weine es sich leichter, meine aber, daß schon ein Körnchen Wahrheit drinnen liegt. Finanzielle Enge, Verarmung oder Armut sind eine neuerliche Hürde und bedeuten zusätzliche Schwierigkeiten bei der Bewältigung einer an sich schon argen Situation.

Es ist sicher auch nicht gut, wenn ein Mann, um alles hinter sich zu bringen, sich um die harte juristische Auseinandersetzung herumdrückt, um nach einiger Zeit festzustellen, er fühle sich ausgenommen wie eine Weihnachtsgans. Es geht hier nicht nur um finanzielle Fragen und um Sachwerte, sondern auch um Ordnungskategorien. Zumindest sollte der Versuch unternommen werden, diesen Teil der Angelegenheit wenigstens annähernd gerecht zu lösen. Die Gefahr, daß eine als absolut ungerecht empfundene Lösung jahrelang, wenn nicht jahrzehntelang im seelischen Gepäck mitgeschleppte Last bedeutet und alles weitere Leben damit vergiftet, ist sehr groß. Sie ließe sich bei sorgfältigerer

Handhabung diverser juristischer Belange mit einem Fachmann häufig vermeiden.

Fast unvermeidlich ist es jedoch, daß jene, die in derartigen, das ganze Sein erschütternden Krisen sind, auch tiefergehende Fragen zu stellen beginnen. Zunächst ist es die Frage, warum diese Tragödie, wie immer sie auch aussehen mag, gerade ihnen passiert sei, während andere Menschen, zumindest scheinbar ruhig und in befriedigenden Partner- bzw. Familienbeziehungen leben können.

In weiterer Folge aber fragen sich viele auch häufig nach dem Sinn des Lebens ganz allgemein oder, einem bestimmten religiösen Bekenntnis zugehörend, in besonderer Weise. Im Abschnitt über die Problematik des religiösen Menschen wurden einige entscheidende Fragen zu dieser Thematik lediglich angedeutet. Es kann in diesem Rahmen nicht die Sinnfrage nach Leben und Tod erschöpfend behandelt werden. Sie gehört ja auch in eine andere Ebene und fällt, je nach dem religiösen Bekenntnis der Betroffenen, dem jeweiligen Seelsorger zu.

Selbstverständlich werden in Beratung und Therapie, so dieser Bereich vom Klienten angesprochen wird, Haltung, Weltanschauung und persönliches Bekenntnis des Therapeuten oder Beraters miteinfließen. Er selbst ist ja in einer gewissen Weise geprägt, hat bestimmte Vorstellungen über Beziehung, über Ehe und Familie; er kommt aus einem ganz bestimmten sozialen Feld. Er kann nicht völlig farblos und neutral sein, genauso wie er zumindest nicht bewußt seine Meinungen dem Klienten aufdrängen oder aufzwingen wird. Daß dies äußerst schwierig sein kann und oft einer anstrengenden Gratwanderung gleichkommt, ist einsichtig. Beratung oder Therapie soll und kann nicht eine persönliche Auseinandersetzung mit Glauben und Religion ersparen oder gar Religionsersatz sein. Die Aufgabe, hier helfend einzugreifen, käme dem Seelsorger zu oder Glaubensgenossen, mit denen eine persönliche und intimere Bindung besteht.

Das hier Dargelegte versteht sich auch nicht als eine Art

„Kochbuch", aus dem man dieses oder jenes herausnehmen und anwenden kann, etwa die fertige Lösung seines Problems, womöglich unter Umgehung eigener Entscheidungen.

Das Buch wurde aus verschiedenen Gründen geschrieben. Es war zunächst wohl das Bedürfnis, ein Thema, das so viele Mitmenschen direkt oder indirekt betrifft, aufzugreifen und in einer bestimmten Weise zu bearbeiten. Das geschah aus der speziellen Sicht als Ehe- und Familientherapeutin, aus der jahrelangen Erfahrung im Umgang mit den Betroffenen.

Dabei wurde ganz bewußt keine spezielle Form von Beratung oder Therapie im einzelnen dargestellt, ebenso wurde, da es ja für möglichst viele leicht lesbar und verständlich sein soll, jeglicher Fachjargon vermieden. Ich war bemüht, möglichst viel Information zu geben sowie etwaige Irrtümer und Fehlmeinungen zu korrigieren oder auszuräumen. Vor allem möchte ich auf Möglichkeiten und neue Wege hinweisen.

„Krise", ein bei den meisten Menschen sehr gefürchtetes Wort, hat ja nicht nur ausschließlich negative Bedeutung. Es heißt ja gleichzeitig immer in tieferer Sicht auch Wandel, Umbruch, Aufbruch, Änderung. Dies alles sind nicht nur negative Begriffe, sondern bergen in sich genauso Wachstum, Weitergehen, Leben.

Daß in derartigen Krisenzeiten häufig sozusagen das Unterste zuoberst gekehrt wird, der Betroffene meist nicht mehr weiß, wo er steht, oder sich manchmal erstmalig in seinem Leben fragt, wer er selbst denn eigentlich sei, ist nur verständlich. Der einzelne kann oft nicht mehr allein weiter und fühlt sich wie ein Ertrinkender. Hier meine ich, ist es gut, Beratung oder Therapie in Anspruch zu nehmen. Beides ist keineswegs so aufzufassen, daß sie das Allheilmittel für alles und jedes sei. Sie bedeutet harte Arbeit des einzelnen und kann vorübergehend in weitere heftige Krisen führen. Therapie oder Beratung soll jedoch nicht zur Dauereinrichtung werden. Ihr Ziel ist es, dem einzelnen, dem Paar oder der Familie nach möglichst kurzer Zeit wieder dazu zu verhelfen, eigenverantwortlich zu handeln, allein Entscheidungen treffen zu können.

Ein Fachkollege bezeichnete die vielen ausufernden Therapieangebote, nach denen immer mehr Menschen greifen, als „Prothesen“. Ich möchte das Wort in diesem Zusammenhang umbenennen in „Krücken“. Krücken helfen uns in instabilen Situationen zu stehen und zu gehen, ohne daß wir stürzen und noch mehr Schaden erleiden. Man legt sie aber wieder weg, wenn man sich selbst sicherer fühlt und gesund geworden ist. So ähnlich, glaube ich, sollten Therapie und Beratung aufgefaßt werden.

Für alle jene aber, die aus welchen Gründen immer nicht in der Lage sind, nach persönlicher fremder Hilfe zu greifen, können die hier dargestellten Kapitel vielleicht Hilfe und Anregung bringen.

1. Trennung und Scheidung heute

Es dürfte wohl kaum jemanden unter uns geben, der nicht mit Menschen zu tun hat, die geschieden sind oder getrennt vom Ehepartner leben bzw. eine neue Verbindung eingegangen sind. Das mögen unsere Verwandten, Freunde, Nachbarn oder Arbeitskollegen sein. Zunächst einige Zahlen geschiedener Ehepaare:

Österreich		*Bundesrepublik Deutschland*	
1978	12.400	1960	49.325
1979	13.072	1970	76.711
1980	13.327	1975	106.932
1982	14.298	1982	96.351

Die rückläufige Zahl der Scheidungen in der Bundesrepublik ist auf die veränderte Gesetzeslage zurückzuführen. In vielen Fällen würde eine Scheidung den finanziellen Ruin bedeuten und wird daher offensichtlich unterlassen.

Schweiz		*Deutsche Demokratische Republik*	
1977	10.474	1977	43.137
1978	10.497	1979	44.735
1979	10.394	1981	48.567
1982	11.520	1982	49.874

Das ist für die genannten deutschsprachigen Länder ein beträchtlicher Anteil der Gesamtbevölkerung, dem Rechnung getragen werden muß. Sagen die angeführten Zahlen doch, daß all diese Menschen einen Prozeß durchlaufen haben, der in gewisser Weise ähnlich ist, der ihr gesamtes Leben, ihre inneren und äußeren Lebensumstände meist in schwerwiegender Weise verändert hat. Trotzdem ist die Haltung derer, die nicht unmittelbar davon betroffen sind, meist so, als gäbe es diese Tatsachen nicht. Die Umwelt gleitet nach dem ersten Entrüstungs- und Erstaunensausbruch mit einem Achselzucken darüber hinweg. Man fragt sich wohl auch, was man denn bei einem so privaten Geschehen tun solle. Gelegentlich kann man warnende Artikel über den Familienzerfall und dessen Folgen für die Zukunft des Staates oder der Gesellschaft lesen. Meist kommen auch beschwörende und mahnende Worte von seiten der Kirche. Das alles ist wahrscheinlich gut gemeint, vermag aber denen, die direkt betroffen sind, wenig konkrete Hilfe zu geben.

Zudem wird anscheinend übersehen, daß jeder von uns in gewisser Weise und auf verschiedene Art „Mitbeteiligter" ist, sei das nun als Störfaktor, als Meinungsmacher, als Kritiker oder als Helfer in der Not. Auf dieses Phänomen wird später noch näher eingegangen werden.

Mein Arbeitsgebiet

Seit etlichen Jahren arbeite ich als Ehe- und Familienberaterin in einer kirchlichen Beratungsstelle. Die Klienten, die unsere Stelle aufsuchen, kommen aus allen Bevölkerungsschichten, aus dem ländlichen wie städtischen Bereich. Unter ihnen sind alle Berufsgruppen, vom Hilfsarbeiter bis zum Akademiker, vertreten.

Sehr bald ist mir während dieser Arbeit aufgefallen, daß sich die Grundzüge der Problematik derer, die in einer Krisensituation ihrer Ehe stehen, trotz aller persönlichen und soziologischen Unterschiede, merkwürdig gleichen. Anläßlich eines Studienaufenthaltes in den USA sah ich zahlreiche Negerfamilien, die zum Teil aus den Slums einer Großstadt stammten. Ihre Probleme, ihre Schwierigkeiten, die sie mit ihrer Ehe oder ihren Kindern hatten, lassen sich, streicht man etwas vom „Lokalkolorit" ab, durchaus mit denen einer europäischen Familie vergleichen. Gewisse Gesetzmäßigkeiten scheinen hier ihre Gültigkeit zu haben. Geht es doch immer und überall um dieselben Dinge: um Schmerz, Schuld, Enttäuschung, um das Gefühl, versagt zu haben, um Angst in verschiedenen Formen, um völliges Allein- und

Verlassensein und um eine Menge Nichtverstehen oder Nichtwissen.

Ich kann mir nicht vorstellen, daß es irgendein Mittel gibt, das die Trennung eines Paares ohne Schwierigkeiten und ohne Schmerzen vonstatten gehen läßt. Diese werden auch den Beteiligten nicht erspart bleiben. Was wir zunächst tun können, ist dies: offen über dieses Geschehen, seine mutmaßlichen Abläufe, seine Folgen und sein Ende sprechen und Informationen geben.

Je besser jemand über sich selbst Bescheid weiß und über Tatsachen informiert ist, umso eher kann er die Zügel wieder in die Hand bekommen und seine eigene Situation sowie die Situation anderer, etwa seiner Kinder, meistern. Das aber sollte das Ziel aller sein, die meinen, ein Krisenstadium ihrer Beziehung nur noch durch Trennung oder Scheidung beenden zu können. Ein derartiges Ereignis ist ja, wie bedauerlich und traurig es sein mag, nicht auch zugleich das Ende des Lebens schlechthin, sondern auch ein neuer Anfang. Daß es ein möglichst guter Anfang werde, dafür sollten die Beteiligten selbst und die, die ihnen dabei helfen, sorgen.

Bedeutung der Ehe – früher und heute

Sowohl von Klienten als auch in privaten Gesprächen wird immer wieder die Frage aufgeworfen, warum früher die Ehen soviel besser hielten als heute, warum heute jede Moral, jede Verantwortung, jedes Pflichtgefühl fehle und niemand mehr Sicherheit habe. Mir scheint, daß hier viele Dinge hereinspielen, daß es schwierig ist, das Gestrüpp zu durchschauen und daß wir daher mit einem Urteil vorsichtig sein sollten.

Ich glaube nicht, daß im allgemeinen „die Ehen" früher soviel besser waren und heute um soviel schlechter sind. Genügend Beispiele aus Literatur und Geschichte, von der Bibel angefangen bis in die Neuzeit herauf, zeigen uns ein sehr deutliches, oft wenig schmeichelhaftes Bild des Menschen und seiner Verhaltensweisen. Eine Skandalchronik brauchte das 20. Jahrhundert nicht erst zu erfinden, das hatten schon die Ägypter, die Griechen und das alte Rom. Etliche äußere Umstände jedoch sind neu und haben die allgemeine Situation stark verändert.

Heute ist vieles, das einmal nur einer privilegierten Oberschicht möglich war, für breiteste Bevölkerungsschichten zur Selbstverständlichkeit geworden. Ganze Industriezweige sorgen über sämtliche Massenmedien für die sofortige Verbreitung „delikater" Vorgänge. Ereignet sich in irgendeinem Erdteil eine „interessante Affäre" eines Zeitgenossen, der durch Sport, Showgeschäft, Politik oder Bühne auch nur einigermaßen bekannt ist, so kann es der Normalbürger spätestens in der nächsten Wochenausgabe einer farbenprächtigen Illustrierten mit allen Ausschmückungen lesen. Um diese so pikanten Ereignisse in Umlauf zu bringen, brauchten die Chronisten des Altertums Monate, wenn nicht Jahre. Außerdem waren die Neuigkeiten wiederum nur einem ausgewählten Publikum zugänglich, jenem nämlich, das lesen konnte. Den Anregungs- bzw. den „Ich-auch-Effekt" sowie die Beeinflussung im Verhalten des einzelnen, sozusagen im Angesichte der Öffentlichkeit, den diese Nachrichten heute ausüben, sollte man jedoch weder übersehen noch unterschätzen.

Der Wandel im sozialen Bereich

Sicher kommt die heutige Lebensauffassung, die weitgehend vorherrschend ist, der Idee einer Scheidung und damit häufig auch deren Ausführung sehr entgegen. Es hat, so könnte man vielleicht sagen, eine allgemeine Lockerung der Prinzipien weltweit um sich gegriffen. In den meisten europäischen Ländern sowie in weiten Teilen der Vereinigten Staaten war es früher einfach nicht denkbar, bestimmte Stellen der herrschenden Gesellschaftsordnung als geschiedener Mann innezuhaben. Ehe man nun seinen Arbeitsplatz, seine gesellschaftliche Position, sein gesamtes Ansehen aufs Spiel setzte, zog man es doch vor, ein „Arrangement" zu treffen, das äußerlich die Ehe aufrecht scheinen ließ, gleichgültig, wie die Dinge sich innerhalb verhielten. Diese Überlegungen fallen heute zum allergrößten Teil in den meisten Ländern weg, sind überholt und gegenstandslos geworden.

Heute wird kein Schuldirektor, Lehrer, Richter, Staatsanwalt oder Primarius entlassen oder macht sich gesellschaftlich „unmöglich", weil er sich scheiden läßt. Bei den Frauen liegen die Verhältnisse noch etwas anders. Auch bei der vielzitierten „gesunden" Landbevölkerung ist es nicht viel anders. Im konservativsten kleinen Dorf wird heute kein Landwirt von der Bürgermeisterstelle abgewählt, weil er geschieden ist. Auch hier kann man deutlich den Wandel innerhalb der Gesellschaftsordnung ablesen.

Wirtschaftliche Gründe

Ein wesentlicher Grund, daß Ehen zumindest in bestimmten sozialen Schichten wirklich nur durch den Tod geschieden wurden, dürften unter anderem wohl auch wirtschaftliche Schwierigkeiten gewesen sein. Ein Paar, das nur unter äußersten Anstrengungen und unter Aufbietung aller seiner Kräfte sich und die Kinder von einem Tag zum anderen am Leben erhält, kann sich den Luxus der Trennung kaum leisten. Wenn das Existenzminimum nur mühselig beschafft werden kann, werden alle anderen Belange in den Hintergrund geschoben. Das ist etwas, das im heutigen Wohlstands- und Sozialstaat weitgehend wegfällt.

Religiöse Gründe

Hiezu kommt, daß das Verwurzeltsein des Menschen in einer Glaubensgemeinschaft meist tief und sozusagen selbstverständlich war. Das machte jedoch in vielen Fällen, denkt man nur an die große Zahl katholischer Gläubiger, einen Gedanken an eine Scheidung von vornherein fast unmöglich. Wenn es auch in wenigen ausgenommenen Fällen mit Einverständnis der Kirche zur Trennung des Paares kam, war doch eine Wiederverheiratung ausgeschlossen. Das Wissen um diese Tatsachen hielt sicher viele Menschen von einer Scheidung ab. Viel eher nahm man ein Arrangement auf sich, das die bestehende Lebensform beibehielt. Es dürfte auch feststehen, daß die rigorosen Gesellschaftsregeln, die Gebote der Religion, an die man sich gebunden fühlte, ja nicht nur etwas ausschließlich Negatives waren. Sie gaben den Betroffenen, so eng und hart sie manchmal auch empfunden werden mochten, auch Halt und Stütze in der Krise. Diese konnte mit ihrer Hilfe überwunden werden, und die Beziehung konnte sicher manchmal gebessert werden. Dic Möglichkeit einer solchen Stütze und die Kraft, die viele Menschen aus ihrem tiefen Glauben schöpften, fehlen heute den Paaren weitgehend.

Auffassungen über Ehe – früher und heute

Häufig werden bei Gesprächen über Ehe und deren Dauerhaftigkeit auch jene Zeiten angeführt, in denen Eltern einfach den Ehepartner für ihre Kinder suchten und die Ehe sozusagen über den Kopf der Beteiligten hinweg geschlossen wurde. Oft wird stereotyp betont: „Die Ehen haben lebenslang gehalten und waren nicht schlecht."

Chinesen, gläubige Juden oder der Adel Mitteleuropas kannten diese Praxis und hielten bis ins 19. Jahrhundert hinein an ihr fest. In allen Bevölkerungsschichten hatte die Elterngeneration wesentlich bei der Partnerwahl der Kindergeneration mitzureden. Daß von den Eltern dabei strengstens darauf geachtet wurde, daß soziales Gleichgewicht herrschte, daß etwa ein Mangel an Rang durch Reichtum ausgeglichen wurde, war fast selbstverständlich. Die so geschlossenen Bündnisse wurden meist auch gehalten. Es waren ja weniger auf die Person als solche gegründete Pakte, sondern weit eher fixe gesellschaftliche Rahmen, die keiner verlassen konnte, es sei denn, er setzte seine gesamte Existenz aufs Spiel. Ein Mensch war früher viel mehr Mitglied einer bestimmten Sippe oder einer Familie, in der er genau festgelegte Aufgaben zu erfüllen hatte. Er war weit weniger das, was wir heute Individuum nennen.

Einfluß der Wissenschaften

Die Weiterentwicklung der Wissenschaften, insbesondere der Psychologie, führte jedoch im Laufe der Zeit dahin, daß die Menschen sich ihres *eigenen Daseins* und ihres *persönlichen Lebens* immer mehr bewußt wurden und daher bestrebt waren, es nach eigenen Wünschen und Vorstellungen, ohne Rücksicht auf einmal übernommene Aufgaben und Pflichten, einzurichten. Großen Einfluß hatte der seit geraumer Zeit geprägte Begriff der „Selbstverwirklichung". Damit ist gemeint, daß jeder Mensch das Recht bzw. die Aufgabe habe, sich in all seinen Anlagen, Neigungen, Bedürfnissen zu entfalten, eben sein „Selbst" zu verwirklichen. Ist dies in gewissen Situationen mit bestimmten Partnern nicht in der gewünschten Weise möglich, kommt es zu ärgsten Spannungen und Konflikten. Diese meint man dann nur noch durch radikale Mittel – eben durch Trennung oder Scheidung – lösen zu können.

Man kann heute oft und auch immer mehr von jungen Menschen hören, daß die „alte Methode", in einer Art Übereinkommen oder Arrangement zu leben, auch ihre positiven Seiten gehabt habe. Es sei, so wird argumentiert, eine durchaus achtenswerte Sache, sich dazu durchzuringen. Bestehendes würde nicht auseinandergerissen, der Familie werde Schutz geboten, den Kindern der nötige Lebensraum gesichert. Das Verzichten auf persönliches Glück, die Erfüllung einmal übernommener Pflichten auch unter widrigen Umständen wird als moralische Leistung, als Zeichen großer menschlicher Reife gewertet.

Das Gegenlager sieht das Ganze sozusagen um 180 Grad gedreht. Übereinkommen werden als Heuchelei und als Unehrlichkeit empfunden. Es wird darauf hingewiesen, daß es für die Kinder keineswegs gut sei, in einer solchen Atmosphäre aufzuwachsen. Die Schädigungen, die entstehen, seien kaum mehr gutzumachen. Es sei menschenunwürdig, in einer toten Beziehung dahinzuvegetieren, anstatt ehrlich Bilanz zu ziehen und ein Ende zu machen. Das Durchhalten und Aufrechterhalten der Beziehung wird keineswegs als etwas Bewundernswürdiges, sondern als Mangel an Mut zur Wahrheit oder als Charakterschwäche angesehen. Daß die Meinungen über eine so wesentliche Sache weit auseinandergehen, ist naheliegend.

Die heutige Lage

Tatsache bleibt, daß heute unvergleichlich öfter und rascher geschieden wird als früher; daß eine Scheidung keinen gesellschaftlichen Erdrutsch mehr bedeutet; daß viele Menschen ihre erste Bindung gelöst haben und zufrieden in einer neu aufgebauten Familie leben; daß wahrscheinlich eine ähnlich große Zahl auch in einer neuen Ehe nicht zurecht kommt; daß wir eine riesige Zahl von sogenannten „Scheidungswaisen" haben, von denen viele zu keiner positiven Lebensgestaltung fähig sind; daß aber ebenso viele Menschen den Schock, den die Scheidung ihrer Eltern bei ihnen auslöste, überwunden und bewältigt haben; daß viele Geschiedene mit ihren Schuldgefühlen, ihrer Vereinsamung, dem Haß und der Verbitterung nicht fertig werden.

Klagen oder Schimpfen über bestehende Verhältnisse nützt wenig. Viel wesentlicher und wichtiger scheint mir, aus dem Nichtgeglückten und dem Negativen mit aller Kraft das noch Bestmögliche zu machen. Für alle jene aber, die Ehe- und Familiengründung noch vor sich haben, geht es darum, alles zu tun, um mitzuhelfen, daß dieser so entscheidende Schritt in ihrem Leben ein positiver werden kann.

2. Wesentliche Voraussetzungen für eine dauerhafte und positive Partnerbeziehung

Vermutlich träumt jeder Mensch einmal oder öfter, mehr oder weniger intensiv, den Traum der Zweisamkeit und der vollkommenen Harmonie. In Gedanken wird dann bewußt oder unbewußt das Bild des Partners aufgebaut, der ganz unseren Wünschen entspricht. Jede Enttäuschung, alles Einsamsein, alle Lebensangst soll diese Idealgestalt von uns nehmen und ungeschehen machen.

Je mehr wir in Kindheit und früher Jugend entbehren und erleiden mußten, umso mehr „Arbeit“ wird dieser Traumgestalt zugeschoben. Damit ist es aber noch nicht getan. Sie soll uns auch noch das alles geben und liefern, das wir in uns selbst vermissen und nicht besitzen. Neigen wir eher zu Passivität, Depression, Kontaktarmut oder Hilflosigkeit, so soll uns der Partner Aktivität, Heiterkeit, Kontaktfreudigkeit und Tüchtigkeit liefern.

Natürlich soll das Äußere des Partners auch noch unseren Vorstellungen entsprechen. Außerdem soll er auf uns und unsere Bedürfnisse zu jeder Zeit voll und ganz eingehen.

Es ist selbstverständlich, daß kein Sterblicher das alles zu erfüllen vermag, daß diese Wünsche eine völlige Überforderung sind. Die Tatsache, daß solche *Traumgestalten* im Inneren gehegt und gepflegt werden, wird zwar häufig bestritten, trifft aber dennoch zu. Außerdem ist dieses Verhalten keineswegs auf Jugendliche beschränkt, sondern in allen Altersklassen anzutreffen.

Der Umstand, daß Film, Fernsehen, Zeitschriften und Schlagertexte fast ausschließlich eine rosarote Traumwelt fabrizieren und ständig bemüht sind, dem Zuhörer oder dem Lesenden zu suggerieren: „So und nicht anders darf es sein“, macht die Sache nicht einfacher.

Gelingt es in einer Paarbeziehung nicht, diese irrealen

Vorstellungen und vorgegebenen Klischees den wirklichen Gegebenheiten einigermaßen anzupassen, sind ständige Enttäuschungen die Folge und häufige Ursache nagender Unzufriedenheit.

Die Flucht vom Daheim

Immer wieder wird von Klienten angegeben, sie hätten unter anderem hauptsächlich deshalb geheiratet, „weil es daheim so schrecklich war". Meist folgt dann eine detaillierte Beschreibung, wie es daheim war, und man erkennt in dem Geschilderten unschwer ein ähnliches Bild, das der Betroffene vorher von seiner gegenwärtigen unbefriedigenden Ehebeziehung und Lage gab. Die Flucht aus dem Elternhaus, das den jungen Menschen scheinbar oder tatsächlich nicht versteht, das vieles nicht bietet, was dringend gebraucht oder heiß ersehnt wird, ist ein häufiges Motiv für eine frühe, sehr oft überstürzte Heirat. Der einzelne hat dabei gar nicht Zeit, zu sich selbst zu finden, selbst Person zu werden, sich Vorstellungen von eigenen Bedürfnissen, Lebenszielen und Erwartungen zu machen. Jemand, der selbst innerlich leer und charakterlich völlig unfertig ist, wird aber kaum für den anderen ein guter Partner sein können. Beruht doch eine positive, lebendige Beziehung auf Geben und Nehmen. Niemand kann aber etwas geben, das er selbst in keiner Weise besitzt.

Will jemand aus einer Situation, die ihm nicht zusagt – sei es das Elternhaus, die Einsamkeit oder eine unbefriedigende Berufssituation –, entfliehen und in einer Ehe unterschlüpfen, so ist er von vornherein etlichen Gefahrenmomenten mehr ausgesetzt. Je drückender nämlich seine momentane Situation von ihm empfunden wird, umso geneigter ist er, an der neuen Beziehung nichts Tadelnswertes zu entdecken. Vielmehr versucht er, die Augen völlig zu verschließen, um ja nichts Negatives sehen zu müssen. Alles Negative, Angsterregende und Fremde im anderen wird übertüncht, weggeschoben, geleugnet.

Eine wesentliche Voraussetzung, um eine Paarbeziehung

positiv zu gestalten, ist aber Wachsamkeit und Ehrlichkeit sich selbst und dem anderen gegenüber. Es mutet manchmal förmlich grotesk an, wenn man beobachtet, wozu sich Menschen um eines anderen willen zwingen.

Männer mit stark „technokratischen" Zügen lassen sich von literarisch begeisterten Mädchen Lyrik vorlesen, besuchen Konzerte, mimen Interesse an Malerei. Mädchen zwängen sich in Kanus zu Wildwasserfahrten, setzen Kletterhelme auf und sitzen bei Boxkämpfen auf den Zuschauerbänken. Damit keine Mißverständnisse entstehen: Wenn dies das wirkliche Bedürfnis des einzelnen ist und es ihm Spaß macht oder wenn er versucht, ein neues Gebiet, das er bisher nicht kannte, zu erkunden, so ist das durchaus legitim. Der entscheidende Punkt ist aber, daß jeder in der Lage sein soll, deutlich zu sagen, was er will und kann und wo für ihn die Grenzen sind. Meist wird im Wirbel der Ereignisse, die eine neue Beziehung mit sich bringt, kritiklos alles mitgemacht; ja es wird dem anderen eine Begeisterung oder ein Interesse vorgetäuscht, das in Wirklichkeit nie bestand. Der diese Rolle spielt, tröstet sich häufig selbst damit, er würde sich schon gewöhnen und die Freude oder das Interesse würden noch kommen, was allerdings selten genug geschieht.

Die Angst, dem Partner ehrlich zu sagen, wie die Dinge stehen, ist so groß, daß viel eher versucht wird, die eigene Person umzukrempeln. Es könnte ja sein, daß man den Partner verliert, wenn man etwas ablehnt, Kritik übt und irgendwann energisch „nein" oder „halt" sagt. Und das, so meint man, wäre schlimmer als alles andere. Wird doch oft die gegenwärtige Situation als schrecklich empfunden, das Leben, das die neue Beziehung verheißt, hingegen als Paradies. Beides ist wahrscheinlich eine unreale Einschätzung der Situation.

Das alte Gepäck

Bei Trauungen hört man von Pfarrern oder Standesbeamten immer wieder den Satz: „Ihr beginnt nun miteinander ein neues Leben . . ." Ein Leben miteinander beginnen sie normalerweise schon – nur beide bringen Dinge mit, die gar nicht neu sind, sondern alt wie sie selbst.

Jede Gruppe, jedes Paar, jede Familie lebt und reagiert nach Regeln, die sie selbst im Laufe ihres Zusammenseins ausgebildet haben. Diese Gesetze und Regeln leben in uns, ohne daß wir genau um sie wissen. Umso genauer aber handeln wir danach. Unser Partner bringt in das neue gemeinsame Leben sozusagen in seinem „Koffer" seine eigenen Gesetze und Regeln mit, die er erlernt hat und nach denen er vorgeht und handelt. Es muß nun keineswegs so sein, daß diese Regeln sich decken und zueinander passen. Das Herausfinden, inwieweit die Regeln des einen zu denen des anderen passen, macht den oft schwierigen und Kräfte beanspruchenden Lernprozeß jeder neuen Beziehung aus. Es ist nämlich keineswegs von Anfang an klar, daß eine bestimmte Verhaltensweise für jeden der beiden Beteiligten dieselbe Bedeutung hat.

Ein Mann kann zum Beispiel in seiner Ursprungsfamilie erlernt haben, daß Meinungsverschiedenheiten lautstark und temperamentvoll unter Türenschlagen ausgetragen werden. Gleichzeitig erfuhr er aber auch in seinen Kindertagen, daß nachher sofort „wieder alles gut" war, daß es zu einer Neuordnung bzw. Klärung der Situation kam und nichts Angstmachendes mehr passierte. Für die Frau muß das keineswegs so sein. Sie kann mit ähnlichen Szenen ganz andere Erfahrungen verbinden, kann alles als Katastrophe und entsetzliche Angstsituation erlebt haben.

Oder jemand mag von Kindesbeinen an erfahren haben, daß das kleinste Vergehen, die winzigste Nachlässigkeit, strengstens bestraft wird und man nur dann überleben kann, wenn man alles geschickt verheimlicht oder verleugnet. Wenn diesem Verhalten ein Partner gegenübersteht, der gewohnt ist, daß jeder Fehler machen darf, daß jedoch auch jeder ehrlich zu seinen Handlungen steht, so ist leicht einzusehen, daß diese Grundregeln sich nicht treffen können, sondern zu Zerwürfnissen führen müssen.

Das Schwierige, fast Tragische daran ist aber, daß wir um

all diese Vorgänge ja nicht von Anbeginn der Beziehung an genau wissen, darüber reden und sie miteinander vergleichen können. Es ist daher die Chance gering, damit konstruktiv umzugehen, alles in den Griff zu bekommen und Nichtpassendes zu eliminieren.

Was wir als „Endverbraucher" in einer Szene mit dem Partner sehen, hören und spüren, ist sozusagen der Schlußpunkt nach einem langen Satz, den wir nicht kennen. Den vermag jeder für sich nur aus seiner Sicht heraus zu erleben. Die unsichtbaren, unbewußten Regeln, die über uns allen stehen und die uns lenken, können denen des Partners völlig entgegengesetzt sein und miteinander „Gegensatzpaare" bilden.

Eine gute Ehe ist ...

a) wenn beide immer alles gemeinsam machen ...
b) wenn jeder seine Interessen nicht aufgeben muß und den anderen gewähren läßt;

a) wenn man dem Partner alles mitteilt ...
b) wenn man sein Eigenleben auch noch pflegt;

a) wenn man nur noch als „Wir" lebt ...
b) wenn man selbständige Person innerhalb der Beziehung bleibt;

a) wenn man nicht streitet ...
b) wenn man seine Differenzen offen austrägt und bereinigt;

a) wenn man Pflichten in „männliche" und „weibliche" Ressorts teilt ...
b) wenn jeder von den Pflichten das erledigt, was gerade getan werden muß;

a) ein Mann muß immer stark sein ...
b) jeder, auch ein Mann, darf seine Schwäche und Hilflosigkeit zeigen;

a) Frauen haben zu schweigen ...
b) Frauen haben gleiche Rechte;

a) nach außen hin muß alles ordentlich sein, gleich wie es innen aussieht...
b) ich weigere mich, der Leute wegen Theater zu spielen.

Die Liste ließe sich beliebig lang fortsetzen. Kompliziert wird das Ganze noch dadurch, daß wir, auch wenn wir die Gegensätzlichkeit sehen und mit dem Verstande erfassen, doch nicht in der Lage sind, das alte Gelernte über Bord zu werfen. Es ist viel zu tief in uns verankert, auch wenn wir uns dagegen wehren. Wenn wir meinen, endlich davon befreit zu sein, stehen wir auf einmal wieder vor unseren gewohnten Verhaltensweisen.

Ich glaube nicht, daß es ein Zufall ist, daß in den letzten Jahrzehnten bei den Humanwissenschaften gerade jener Zweig, der sich mit der menschlichen Kommunikation befaßt, weltweite Ausdehnung und Beachtung gefunden hat. Immer mehr Menschen erkennen, wie wichtig es ist, mit diesen Gesetzen umgehen zu können. Wir sollen lernen – das gilt wohl besonders für Paare –, daß das Verhalten des anderen nicht immer pure Bosheit, Bösartigkeit, Lieblosigkeit oder Gemeinheit ist, sondern daß er oft wirklich nicht anders kann. Aus dieser Ineinanderverfilzung und Verflechtung von Negativem kann man allein kaum herausfinden. Es ist dann zweckmäßig, in eine Beratung oder Therapie zu gehen. Der in diesen Belangen geschulte Fachmann kann unter günstigen Voraussetzungen Weichen stellen, so daß ein Zueinander und Miteinander des Paares wieder möglich wird.

Damit kämen wir zu einem weiteren wesentlichen Punkt in einer Paarbeziehung. Wieviel Mühe, Zeit, Engagement und Geld ist jeder gewillt, für diese Ehe einzusetzen?

Niemand zweifelt daran, daß Maschinen, Heizungen, Anlagen gewartet und einem regelmäßigen Service unterzogen werden müssen. Nur daß ein so kompliziertes, ich möchte sagen so störungsanfälliges „Gebilde“ wie eine Zweierbeziehung auch eine Wartung nötig hat, wird so schwer eingesehen.

Sehr oft bekomme ich den Eindruck, alles andere sei wichtiger: Karriere, Geld, Beruf, Hobby – nur nicht diese Basis, auf der letztlich alles ruht. Unangenehmes, das sich zwischen den Partnern aufstaut, wird weggeschoben. Die lästige und mühsame Arbeit an sich selbst und mit dem anderen wird als unnotwendig, ja sinnlos abgetan. Mir scheint, daß sehr viele Männer wesentlich mehr an ihrem Auto, am Hobby oder am Schreibtisch herumarbeiten, daß viel mehr Frauen ihre Wohnungen oder ihre Garderobe blank polieren, als an ihrer gemeinsamen Beziehung zu arbeiten. Es wäre sonst kaum möglich, daß viele Paare aus allen Wolken fallen, wenn einmal so viel Sand im Getriebe ist, daß das ganze Fahrzeug steht und nicht mehr zum Gehen gebracht werden kann.

Die neuen Regeln

Wie wesentlich und tiefgreifend die Herkunftsfamilie unser Leben mitbestimmt, ist vorher angedeutet worden. Bildet sich nun eine neue Paarbeziehung zwischen zwei Menschen, wird die Frage, wie sie mit ihrer ursprünglichen Familie verfahren, hochaktuell. Das rasante Wegstreben so vieler Jugendlicher von daheim, das Annehmen von Lebensformen, die den ursprünglich im Elternhaus erlernten Lebensformen diametral entgegengesetzt sind und viele Mütter und Väter klagen machen, sind häufig Scheingefechte. Es sind verzweifelte Versuche, sich freizumachen, um dann doch im ähnlichen Verhalten steckenzubleiben. Das Paar, das anfängt, miteinander zu leben, muß ja für sich neue, brauchbare Regeln erstellen; es muß die wichtige Frage klären, wer in der Beziehung Regeln setzen darf und wie sie untereinander gehandhabt werden. Das ist ein schwieriger Prozeß. Zudem neigt jeder dazu, sich eher in einem bekannten, ausgefahrenen Geleise zu bewegen, als sich neue, unsichere, weil völlig unbekannte Straßen auszubauen. Die Verlockung, immer wieder in das „Nest“, über das man sich zwar viel geärgert hat, das einem nicht paßte, aber doch manches bot, zurückzukehren, ist groß. Oft ist es ein Zurückkehren, um sich im eigenen Verhalten bestätigen zu lassen. Die Erkenntnis, daß man für sein Leben selbst verantwortlich ist, nicht immer eine Rückendeckung haben kann und oft harte Konsequenzen ziehen muß, ist schwer zu verkraften, sie gehört aber unabdingbar zum Prozeß des Erwachsenwerdens dazu.

Von seiten der Eltern ist der Ablösungsprozeß genauso zu „leisten". Es ist jedoch schwer einzusehen, daß das „Kind", für das man 20 und mehr Jahre sorgte, alles regelte und alles aufbot, nun plötzlich einer anderen, völlig fremden Person, die einem nicht einmal sympathisch sein muß, angehören soll. Genauso schwer wird eingesehen oder gar verstanden, daß hier eine neue Generation zu leben beginnt, in der weder eine Mutter noch ein Vater, noch eine besorgte Oma etwas verloren hat.

Im alltäglichen Leben sieht es freilich anders aus. Jede Möglichkeit, die alte Situation („Unser Kind gehört zu uns" bzw. „Bei mir daheim bin ich Kind und kann mir etliches leisten") aufrechtzuerhalten, wird sehr häufig von beiden Seiten wahrgenommen. Viele junge Paare bauen die Eltern schon am Beginn der Ehe fix in ihr Leben ein: „Ich könnte ja gar nicht arbeiten gehen, wenn meine Mutter nicht das Kind betreuen würde" – „Wir sparen uns soviel, weil wir bei den Eltern essen können" usw. Wirtschaftliche Schwierigkeiten sind eine ernst zu nehmende Sache. Manchmal hat man jedoch den Eindruck, sie dienen eher als Vorwand: „Die Eltern meinen es ja nur gut" – „Die Jungen können ja bei uns wohnen, wir bauen aus" – „Es ist doch schade um das viele Geld für eine Wohnung, wir haben hier alle Platz". Das sind Sätze, die immer wieder fallen. Was man hier aber als Starthilfe zu leisten meint, ist für das junge Paar im Grunde etwas, das sein Zusammenwachsen stört oder überhaupt verhindert.

Wie subtil diese Vorgänge sind, ersieht man daran, daß etliche Paare weit weg von einer dominierenden Elternfamilie, ja sogar ins Ausland gehen, um eine gewisse Eigenständigkeit zu erlangen. Überrascht stellen sie dann fest, daß der

Zügel, an dem sie von den Eltern gehalten werden oder an dem sie sich selbst festhalten, jetzt zwar etwas länger, deshalb aber noch lange nicht weniger straff ist.

Besonders schwierige Situationen

Besonders schwer haben es alle jene, die Einzelkinder sind oder in Familien groß wurden, die defekt waren; etwa Söhne, die von klein auf als Stütze ihrer Mutter fungieren mußten, sei es, daß der Vater von Anbeginn an fehlte, früh starb oder die Mutter verließ. Solche Mütter betrachten ihren Sohn als persönliches Eigentum, das sie nie und nimmer an einen Eindringling, nämlich an eine junge Frau, abgeben wollen. Hier geht es hart auf hart, wobei nicht selten die Frau zugunsten der Mutter verliert. Gekämpft wird mit allen Mitteln. Das deutlichste Mittel sind Krankheit und die makabre Drohung, daß die Mutter sterben oder sich selbst umbringen werde, wenn der Sohn nicht gefügig ist. Für die Umwelt wirken solche Szenen unverständlich, ja sogar lächerlich. Für die Beteiligten sind sie jedoch bitterer Ernst. Für den Außenstehenden ist es wohl kaum verständlich, daß der Sohn mit der Mutter auf Urlaub fährt und nicht mit der Gattin; daß die Mutter Ärzte nur aufsuchen kann, wenn der Sohn sie hinbegleitet; daß die Mutter nur einschlafen kann, wenn der Sohn am Abend da ist und dann erst zu seiner Familie heimgehen darf. Der Betroffene wiederum kann sich, auch wenn es noch so drückend ist, keine andere Verhaltensweise vorstellen. Man kann das vorher Gesagte auch bei Müttern und Töchtern finden. Je länger solche Situationen andauern, umso schwerer lassen sie sich lösen. Auf die Beziehung des Paares jedoch wirken sie tödlich.

Besonders schwierig sind die Verhältnisse bei der Landbevölkerung. Wohnen doch gar nicht selten drei oder vier Generationen auf engem Raum zusammen. Unter diesen Umständen ist die Zweierbeziehung besonders starken Belastungen ausgesetzt. Die recht häufige wirtschaftliche Abhängigkeit der jungen Leute von der älteren Generation erschwert die Situation zusätzlich.

Es soll hier nicht die Vorstellung entstehen, daß Eltern abgeschoben und alle Beziehungen abgebrochen werden sollen, wenn ein Paar heiratet. Dringend notwendig aber ist eine exakte und deutliche Grenzziehung zwischen den Generationen, die von beiden Seiten respektiert werden muß. Nur so hat das neue Paar die Möglichkeit, zueinander zu finden, sich zu entwickeln und eigenen Vorstellungen gemäß zu leben. Das allerdings bedeutet für das Elternpaar weitgehendes Loslassen. Für das junge Paar bedeutet es Verzicht auf Sicherheit, materielle Vorteile und im Falle des Uneinsseins auf Schützenhilfe in dieser oder jener Form.

Veränderungen in der Paarsituation

Junge Paare, die offen und interessiert sind, bemühen sich manchmal schon lange vor ihrer Heirat um die Erarbeitung einer guten Paarbeziehung. Sie besuchen Brautleuteseminare und Kurse verschiedenster Art. Die Enttäuschung nach einigen Jahren, daß es doch nicht so geht, wie man es sich vorher vorgestellt und zurechtgelegt hat, ist dann groß. Dem liegt der Trugschluß zugrunde, daß alles „gelaufen“ ist, wenn man sich am Beginn einmal ehrlich bemüht und eine Basis legt. Es ist leicht einzusehen, daß eine wenige Jahre dauernde Ehe mit keinem oder einem Kleinkind ganz anders aussehen wird als eine Ehe, in der Jugendliche heranwachsen oder schon erwachsene Kinder im Begriffe sind, das Haus zu verlassen. Jede neue Phase verlangt dem Paar Änderungen bzw. schmerzliche und mühsame Umstellungen ab. Das ist eine Arbeit, die ein Leben lang währt, des Einsatzes aber wohl wert ist.

3. Notwendigkeit und Schwierigkeit der Konfliktaustragung

Wird von Einzelpersonen oder Paaren berichtet, bei ihnen verlaufe alles ganz harmonisch, es gäbe nie Streit oder Auseinandersetzungen, so löst dies bei den Zuhörern häufig Neidgefühle aus und die Frage, warum sie denn selbst nicht in der Lage seien, das Leben mit ihren Mitmenschen so schön glatt zu meistern. Für Berater oder Therapeuten sind solche Aussagen Warnsignale, die sie bestimmte Schlüsse ziehen lassen.

Es ist eine völlig Utopie zu glauben, auch nur zwei Menschen hätten von Haus aus die genau gleiche Auffassung, den gleichen Geschmack und dieselbe Meinung über die wichtigen und entscheidenden Dinge des Lebens. Das kommt zunächst schon daher, daß jeder Mensch als ein einmaliges Individuum erschaffen wurde, zum anderen, daß jeder von uns durch eine andere Erziehung gegangen ist und wir in einer anderen Umwelt aufwuchsen, anderen Regeln unterstellt waren und einem anderen Kontext zugehörten. Es ist daher selbstverständlich, daß jedes Paar und jede Familie sich die Regeln, nach denen gelebt werden soll, erst zurechtzimmern müssen. Damit ist es aber noch lange nicht getan, denn die meisten Regeln, die beispielsweise für eine Paarbeziehung ohne Kinder Gültigkeit haben mögen, funktionieren nicht mehr, sobald ein Säugling da ist. Sie müssen wieder neu erarbeitet werden, wenn Schulkinder vorhanden sind oder wenn Kinder erwachsen werden und das Haus verlassen.

Mit anderen Worten: Will eine Beziehung oder ein Netz von Beziehungen lebendig und gut funktionierend bleiben, muß ständig daran gearbeitet werden. Beziehungen sind ständigen Veränderungen unterworfen. Es ist unvermeidlich, daß dabei entgegengesetzte Interessen, Meinungen, Verhaltensweisen und vieles mehr aufeinanderprallen. Das ist aber nicht nur unvermeidlich, sondern auch selbstverständlich und natürlich. Sehr viele aber können oder wollen diese Tatsache nicht einsehen. Das Austragen von Meinungsverschiedenheiten, Differenzen und Konflikten ist an sich nicht immer einfach, für manche Menschen aufgrund ihrer persönlichen Situation aber eine beinahe unüberwindliche Schwierigkeit.

Es ist ein ganzes Bündel von Faktoren, das uns die Aufgabe der Konfliktbearbeitung so schwer oder gar unmöglich macht. Ob wir dazu überhaupt in der Lage sind, wird zunächst sicher davon abhängen, was wir in unseren Lebensanfängen als Verhalten erlernt haben. Möglicherweise wurde uns gesagt, daß man nicht widersprechen dürfe, daß es ungehörig sei, lauthals seine Meinung herauszusagen, daß es in jedem Fall besser sei, höflich und ruhig zu sein. Das muß nicht immer direkt und massiv ausgesprochen worden sein. Indirekte und subtile Hinweise, Blicke etwa oder eine klagende oder tadelnde Stimme dessen, der uns dieses Verhalten lehrte, üben oft eine weit größere Wirkung aus. In jedem Fall wird es derjenige, der so erzogen wurde, schwerer haben, sich offen zu widersetzen bzw. sich durchzusetzen. Hat umgekehrt jemand nie ernsthaft Grenzen gezogen bekommen, war er immer unwidersprochener Mittelpunkt und tonangebende Hauptperson, wird ein Sich-Einstellen auf andere, ein Zurückstehen oder Zurückstecken, das bei Austragung von Konflikten ebenso notwendig ist, recht mühsam oder möglicherweise gar nicht erlernbar sein.

Es ist für die meisten Menschen schwer, ein Verhalten an den Tag zu legen, das den Erwartungen derer, mit denen sie es zu tun haben, stark widerspricht.

Eine der vielen Ängste, unter denen wir zu leiden haben, ist die, von Menschen zurückgewiesen zu werden, die uns viel bedeuten, von denen wir abhängig sind oder meinen, es zu sein. Das beginnt bei manchen schon damit, einen harmlosen Vorschlag zu machen, bei dem nichts auf dem Spiele steht, außer daß der andere „nein“ sagen könnte und uns damit zurückweisen würde. Diese „Minitragödien“ spielen sich tagtäglich und stündlich in Paar-, Familien- und Arbeitsbeziehungen ab.

Eine weitere Angst, die uns verfolgt, ist die, daß die Person, gegen die unsere Absage oder unser Protest gerichtet ist, uns ihre Liebe entziehen könnte. Da uns diese Liebe in der Regel viel bedeutet, wagen wir nicht, sie aufs Spiel zu setzen.

Ebenso ist es für viele nicht leicht einzusehen, daß sie und ihre Ansichten anders sind, sich vielleicht nicht ganz innerhalb der in ihrem Lebensbereich bestehenden Normen bewegen. Das dann auch noch auszusprechen und durchzusetzen, kostet Kraft und Mühe. Es ist nun einmal in der Regel bequemer und leichter, mitzuschwimmen und nicht aufzufallen. Das alles zusammen führt dazu, daß wir Konflikte oft verleugnen oder vor deren Austragung zurückschrecken.

Keiner, der über sein Zusammenleben mit anderen Menschen, insbesondere dem Partner und den Familienmitgliedern, ehrlich denkt, wird behaupten können, daß Konflikte, stark divergierende Meinungen und Differenzen dadurch verschwänden, sich gleichsam in Luft auflösten, wenn man sie nicht anspricht, nicht austrägt, sondern sie vielmehr ignoriert.

Meist wird gesagt, dies müsse geschehen „um des Friedens willen" oder weil irgend jemand aus irgendwelchen Gründen geschont werden müsse, nichts erfahren dürfe und dergleichen mehr. Wirklicher Friede kann nur dort sein, wo für alle Beteiligten wenigstens annähernd annehmbare Bedingungen vorliegen, wo es nicht das starre Schema von Regierenden und Unterdrückten gibt.

Konflikte verschwinden auch nicht automatisch, auch wenn wir das vielleicht noch so gerne hätten. Man kann sie wohl tabuisieren, also gewissermaßen eine unsichtbare Inschrift darüber hängen, die besagt, daß über dieses Thema, was immer es auch sein möge, innerhalb dieser Paar- oder Familienbeziehung unter keinen Umständen gesprochen werden darf. Auflösen tut sich das „heiße Eisen" deshalb jedoch sicher nicht, es versteinert höchstens.

Wohl aber macht sich der Konfliktstoff auf einer anderen

Ebene, in anderer, versteckter, oft nicht mehr erkennbaren Weise Luft und kommt an die Oberfläche; meist dort, wo wir ihn umso störender und zerstörender erleben müssen.

Jedem sind heute die Zusammenhänge zwischen bestimmten Erkrankungen, wie etwa Magengeschwüren, Allergien oder Migräne, um nur einige zu nennen, bekannt. Die wenigstens sind aber bereit, das zur Kenntnis zu nehmen. Noch weniger sind sie bereit, die Arbeit auf sich zu nehmen, die Störfaktoren zu suchen und in vielleicht mühevoller Arbeit zu beseitigen. Vielen ist es eben nicht nur geläufiger, sondern auch lieber, einen Konflikt zu umgehen, Unangenehmes zu schlucken, beiseite zu schieben oder gar nicht aufkommen zu lassen. Das geschieht nicht nur bei sich selbst, sondern auch bei denen, mit denen wir näheren Umgang haben. Es gibt in sehr vielen familiären Systemen einen, der sofort zu glätten bemüht ist, der gewissermaßen als Brandlöscher auftritt, wenn der erste Funke sich zeigt, zwischen wem oder um was immer es sich auch handeln möge. Er ist es, der dafür sorgt, daß Konflikte nicht nur nicht angegangen werden, sondern erst gar nicht an die Oberfläche gelangen.

Wenn nun diese Konfliktaustragung schon so viele Schwierigkeiten macht, oft als eine unerfüllbare Anforderung empfunden wird, sollte doch wenigstens klar sein, was darunter zu verstehen bzw. was damit nicht gemeint ist.

Meist spricht man von einer „konstruktiven Konfliktaustragung“, die dem Wort nach schon etwas Neues baut, eine neue Form konstruiert. Gemeint ist damit, daß Differenzen, Meinungsverschiedenheiten, Unzufriedenheit oder Unbehagen, die sich in Beziehungen ansammeln, offen dargelegt und gegeneinander abgewogen werden. Daß sich dies leichter sagt als ausführt, weiß jeder. Die vorher besprochenen Ängste und Verhaltensweisen erschweren uns dieses Vorhaben enorm. Ziel wäre es nun, nach Verhaltensweisen zu suchen, die ein besseres Miteinanderauskommen ermöglichen und letztlich eine für alle Beteiligten angenehmere und zufriedenstellendere Art des Zusammenlebens entstehen lassen.

Daß dies nicht leicht ist, daß es immer jemanden geben wird, der nicht ganz erreicht, was er will, daß sich jeder mit einem „annähernd" zufrieden geben muß, liegt in der Natur der Sache, wenn mehrere Menschen miteinander leben. Niemand kann lediglich seinen eigenen Bedürfnissen und Neigungen nach handeln, sondern muß sie zwangsläufig mit denen der anderen abstimmen, will er mit ihnen zusammenleben.

Es ist auch selbstverständlich, daß das Problem umso schwerer zu lösen ist, je mehr Personen oder gar Generationen davon betroffen sind, je ausgeprägter und individueller jeder einzelne in seinen Neigungen und Abneigungen ist.

Positive oder konstruktive Konfliktaustragung bedeutet jedoch keineswegs, daß wir uns auf einem Schlachtfeld befinden, auf dem sich alle Beteiligten als erbitterte Feinde gegenüberstehen, daß strahlende Sieger die Walstatt verlassen und die Besiegten halb tot dort zurückbleiben. Es sollte vielmehr bedeuten, daß ein Übereinkommen erzielt wird, das allen Beteiligten ein gutes Miteinanderleben ermöglicht.

Es ergibt sich nun zwangsläufig die Frage, wie man denn Konflikte, so man dazu überhaupt die Bereitschaft aufbringt, austragen könne. Auch hiefür kann man sicherlich kein allgemeingültiges Rezept angeben. Einige Voraussetzungen scheinen mir jedoch in jedem Fall erforderlich zu sein.

Konfliktaustragung erfordert Mut

Jeder, der in seiner Umgebung etwas, das ihm nicht behagt, ändern möchte, muß zunächst einmal den Mut dazu aufbringen, sich bemerkbar zu machen, um dann seine Wünsche, sein Mißfallen oder seine Unzufriedenheit darzulegen.

Jeder muß wissen, was er will

Klar sollte dem, der etwas anders haben möchte, auch sein, was er denn geändert haben möchte und wie der Zustand danach aussehen sollte. Sehr viele Paarbeziehungen sind vermutlich deshalb so unbefriedigend, weil einer wohl ständig klagt, er müsse sich dem anderen anpassen oder unterordnen oder es geschähe ohne sein Zutun nie etwas, er aber selbst nicht in der Lage ist, etwas Alternatives oder Konstruktives vorzuschlagen.

Auf das „Wie“ kommt es an

Entscheidend ist auch, wie Kritik, Änderungsvorschläge oder Wünsche vorgebracht werden. Geschieht es halbherzig, ohne rechte innere Überzeugung, wird der Erfolg eher zu wünschen übrig lassen. Möglicherweise werden die anderen Gesprächspartner verärgert sein, weil sie keine klaren, bestimmten Aussagen oder Signale bekommen.

Es kann jedoch auch geschehen, daß der, der sich seiner Sache nicht ganz sicher ist, den es viel Kraft kostet, in die Opposition zu gehen, sehr laut, grob und aggressiv wird. Es mag dies der unbewußte oder bewußte Versuch sein, die eigene Unsicherheit zu überspielen, wenn die harte Arbeit geleistet wird, „nein“ oder „anders“ zu sagen.

Für den Gesprächspartner mag aber gerade diese Art der Vorgangsweise nur Negatives auslösen und damit eine positive Konfliktlösung verhindern.

Bereitschaft, die anderen als gleichwertige Gesprächspartner anzuerkennen

Soll konstruktive Konfliktaustragung gelingen, so ist eine Grundbedingung sicher die, das Gegenüber und die Gesprächspartner auch als solche anzuerkennen. Ist jemand der Meinung, er allein wisse, wie die Dinge zu lösen seien, er allein bestimme alles, habe schlechthin das Sagen, so wird es wohl zu Entscheidungen kommen, nicht aber zu einer Lösung und Bereinigung offener oder schwelender Konflikte. Die Paarbeziehung oder das familiäre System gleicht dann eher einer Diktatur, in der man sich so benimmt, als hätten alle übrigen Beteiligten nur ein Recht, nämlich zu gehorchen.

Erkenne ich den anderen als Gesprächspartner, als Mitspracheberechtigten, an, so muß ich möglicherweise auch einkalkulieren, daß er um sehr vieles anders denkt, fühlt und handelt als ich selbst, daß ich sein Anderssein nicht unbedingt in eine völlig andere Form gießen kann, die mir vielleicht besser oder geeigneter erscheint. Das dürfte wohl auch eine der größten Hürden sein, die zwischen Eltern und heranwachsenden Jugendlichen bei Konfliktaustragungen zu nehmen ist. Für jeden, der Eltern- oder Erzieherfunktion hat, ist es schwer, einerseits gewisse notwendige Regeln, die für ein gedeihliches Zusammenleben und Zusammenarbeiten notwendig sind, mit Bestimmtheit zu verlangen, andererseits der persönlichen Entwicklung, die ganz andere Wege gehen kann, genügend Spielraum und Freiheit zu lassen. Diese Unsicherheit, das Unbehagen, das von der heranwachsenden Generation an die ältere Generation herangetragen wird, die deren Erreichtes oder für gut Befundenes ständig in Frage stellt, ist eines der vielen Spannungsfelder, die uns Menschen aufgetragen sind und denen wir uns stellen müssen.

Sind diese Voraussetzungen gegeben, ist der Boden für die Arbeit der Konfliktbeilegung und der Suche nach neuen Möglichkeiten und Wegen, miteinander in befriedigender Weise zu leben, aufbereitet.

Es darf aber nicht übersehen werden, daß wir alle dazu neigen, die „anderen“, die an uns Kritik üben, die Unangenehmes abstellen oder verändern wollen, bewußt oder unbewußt zu bestrafen. Ich meine, daß dies deutlich ausgesprochen werden muß, um klarzumachen, daß wir in diesem Punkte alle sehr empfindlich sind, daß uns ein positives Andersverhalten, ein Eingehen auf die anderen, größte Schwierigkeiten bereitet und eine Aufgabe darstellt, die nicht leicht zu lösen ist.

Wir besitzen eine reichhaltiges Repertoire an Verhaltensweisen und Möglichkeiten, auf diejenigen negativ zu reagieren, die den Konflikt auch nur beiläufig ansprechen oder mutig aufgreifen wollen.

Eine landläufige Art, darauf zu „antworten“, besteht darin, heftige Szenen zu machen, Türen zu schlagen, mit

Geschirr oder ähnlichem zu werfen und in Tätlichkeiten auszuarten. Diese Verhaltensweisen erfüllen ihren Zweck meist prompt und dienen dazu, den oder die anderen zu stoppen, gewissermaßen lahmzulegen. Die Wirkung tritt in so gelagerten familiären Systemen auch bald ein. Die davon Betroffenen berichten, sie seien dann unfähig, etwas zu sagen oder zu erwidern, sondern blieben wie angewurzelt reglos, dort, wo sie sich gerade befinden. Die Angst bannt sie auf der Stelle fest. Einigen ist es noch möglich, widerspruchslos eilig das Kampffeld zu verlassen. Das geht vielen Frauen und Kindern so, aber auch mehr Männern, als man annehmen möchte.

Es gibt jedoch auch eine Menge ruhigere und verfeinerte Spielarten, im Konfliktfalle strafend zu reagieren, die nicht weniger wirksam sind. Es ist heute wohl ziemlich aus der Mode gekommen, in Ohnmacht zu fallen. Jüngere Leute kennen solche Situationen meist nur aus Bühnenstücken, die sie eher erheitern. Tränen, hilfloses Zusammensinken, der Griff nach dem Herzen („ich bekomme einen Anfall"), vor allem das Versinken in Depression, sind auch heute bei Männern und Frauen durchaus „in" und tun ihre Wirkung.

Ein viel verwendetes Mittel, um den, der sich wehren will, der andere Verhaltensweisen einführen oder sein Nichtverstandensein darlegen möchte, auf seinen vermeintlichen Platz zurückzuweisen, ist das Schweigen, das Appellen, Fragen und Antworten gewissermaßen entgegengesetzt wird; ein Schweigen, das sich als Strafmaßnahme, je nach Spielregel des Systems, über Tage oder Wochen, ja Monate hinziehen kann. Da wir sehr genau wissen, wo wir unser Gegenüber am härtesten treffen können, wird diese Strategie an Partnern oder Familienmitgliedern dann angewendet, wenn es für den oder die anderen einen unerträglichen Zustand bedeutet. Das Ende sieht meist so aus, daß das Schweigen nicht mehr ertragen werden kann, der Betroffene daher demütig zu Kreuze kriecht und „Besserung" gelobt. Im Zusammenleben bleiben dadurch die alten Regeln und damit die alten Konflikte bestehen.

Es grenzt manchmal geradezu an Lächerlichkeit, wäre es nicht so traurig, was in Paar- oder Familiensystemen an Strategien zur Bestrafung angewendet wird, wenn es zum offenen Konflikt oder zur Auflehnung kommt. Das reicht vom absichtlichen Kochen von Speisen, die nicht gemocht werden, über Arbeitsverweigerung, Entzug oder Kürzung des Wirtschaftsgeldes, dem Abbruch der sexuellen Beziehungen bis zur wiederholten oder ständigen Androhung des Selbstmordes. All dies sind in zahllosen guten oder weniger guten Bühnenstücken dargestellte „Spiele", die vom Publikum gerne belacht und beklatscht werden. Vermutlich wissen die meisten Zuschauer kaum, daß sie sich über ihr eigenes Verhalten amüsieren, unter dem sie tagtäglich mehr oder weniger leiden.

All diese Strategien haben eines gemeinsam: Sie verhindern brillant und gekonnt, daß ein Konflikt wirklich ausgetragen wird, daß Neuregelungen gesucht werden und eine allseits befriedigendere Lebensführung erreicht wird. Es sind eben „Spiele", die oft ein Leben lang nach denselben Spielregeln ablaufen und zu nichts führen. Werden sie endlich als „Spiele" und Verhinderungsstrategien erkannt, kann das manchmal zu Änderungen führen. Oft sind die Formen aber so tief eingefahren, daß die Beteiligten trotz des Erkennens ihrer Lage sich nicht mehr ohne fremde Hilfe daraus zu befreien vermögen.

Konfliktzulassung und positive Konfliktaustragung sind sicher schwierig, manchmal sogar äußerst belastend. Für Beziehungen, die am Leben bleiben wollen und den Beteiligten Lebens- und Entfaltungsraum zu geben bereit sind, sind sie jedoch unerläßlich.

4. Berufstätigkeit oder „Nur-Hausfrau“?

Das Thema wird schon lange, besonders jedoch in letzter Zeit, äußerst strapaziert. Es ist schwer festzustellen, worüber mehr und Gewichtigeres geschrieben wurde: darüber, daß Frauen berufstätig sein sollten, auch wenn sie verheiratet sind und Familie haben, oder über das Gegenteil.

Zu der in diesem Buch bearbeiteten Problematik scheint mir jedoch gerade die Thematik der Berufstätigkeit der verheirateten Frau, die auch Mutter ist, ganz besonders dazuzugehören. Spielt sie doch in einer Ehe eine große Rolle und wird gerade bei Trennung oder Scheidung relevant, entscheidet häufig über das Gelingen oder Nichtgelingen eines neuen Anfanges.

Das Bild der stickenden, kochenden und sanft Klavier spielenden höheren Tochter, die darauf wartet, geheiratet zu werden, gibt es in dieser Form sicher nicht mehr. Zwei Weltkriege und diverse wirtschaftliche und politische Umwälzungen haben dafür gesorgt, daß es verschwand. Wir sollten uns aber nicht täuschen lassen und meinen, all die Züge und Details des Bildes seien endgültig mit fortgeschwemmt worden.

Es ist heute wohl in allen Bevölkerungsschichten klar, daß jedes Mädchen eine Schulbildung absolviert – sie ist ja auch gesetzlich vorgeschrieben – und dann eine Berufsausbildung mitbekommt. Ich glaube aber, daß sich die Geister in vielen Familien doch schon sehr früh scheiden. Häufig wird von den Eltern eher überlegt, ob es nicht besser wäre, dem Sohn mehr an Ausbildung zukommen zu lassen. Er sei es ja, der einmal eine Familie erhalten muß. Das Mädchen werde so bald heiraten, da komme es nicht so sehr auf Bildung an. In vielen Familien wird der weitere Schulweg bzw. die berufliche Ausbildung nach Begabung und Können der Betroffenen festgelegt. Dies bezieht sich meiner Erfahrung nach eher auf die oberen Bevölkerungsschichten bzw. auf den städtischen Bereich. In ländlichen Gebieten, und es wohnen doch beträchtlich viele Menschen auf dem Lande, denkt und handelt man eher nach den oben besprochenen Grundsätzen. Es ist selbstverständlich, daß die Haltung und die Gespräche der Eltern die Kinder stark beeinflussen. Für mich ist es immer wieder erschreckend zu hören und zu sehen, wie viele Mädchen über ihren eigenen Lebensweg leider nicht selbst nachdenken. Es fallen einem dazu unwillkürlich die Worte „fremdbestimmt" oder „ferngesteuert" ein. Viele scheinen sich dahintreiben zu lassen, ohne selbst zu steuern, und einfach zu warten, was der nächste Tag bringt. Das ist keineswegs nur bei den Abgängerinnen von niederen Schulen so, sondern, was noch viel bedenklicher stimmt, auch bei Abiturientinnen. Viele Mädchen haben nach der bestandenen Matura keine Ahnung, welchem Beruf sie sich zuwenden wollen oder ob sie studieren wollen. Die Wahl des Studiums, das die Eltern zu zahlen bereit sind, kann dann von Zufälligkeiten abhängen, wie etwa, ob die Freundin auch dieses Fach studiert, ob man leichter in dieser oder jener Stadt ein Zimmer bekommt, nicht von tatsächlichen Neigungen oder Begabungen. Es ist selten, daß ein Mädchen klare Vorstellungen davon hat, wie es ihr Berufsleben gestalten will, sich damit auseinandersetzt und um dessen Realisierbarkeit kämpft. Möglicherweise wird man hier entgegenhalten, daß all dies auf Burschen dieses Alters genauso zuträfe. Ich möchte das gar nicht bestreiten, glaube aber, daß dann von Eltern- und Erzieherseite her viel mehr Anteil genommen, viel mehr darauf bestanden wird, das Problem auf bessere Weise zu lösen.

Die Neigung, sich mit der Berufswahl eher oberflächlich bzw. gar nicht auseinanderzusetzen oder aber schon bei geringfügigen Schwierigkeiten im Berufsleben das Handtuch zu werfen und aufgeben zu wollen, ist bei vielen Mädchen sehr groß. Das erträumte Ziel, die Fata Morgana, ist dann ein Mann und die Heirat, von der bzw. dem alles erhofft und erwartet wird. Davon versprechen sich die meisten unter anderem die Erlösung vom Berufsalltag, das Unabhängigsein, selbst planen und einteilen zu können und anderes mehr. Daß dies ein Trugschluß ist, daß man üblicherweise als Hausfrau und Mutter von Kindern nicht beliebig planen kann, sondern sehr abhängig ist und lange Perioden, in denen die Kinder klein sind, nicht nur während des Tages, sondern auch in den Nachtstunden „im Dienst" sein muß, wird erst viel später, für viele zu spät, erkannt.

Die letzten Umfragen, die in der BRD gemacht wurden, ergaben allerdings, daß jede dritte sogenannte „Nur-Hausfrau" lieber einer bezahlten Berufstätigkeit nachginge. Erfahrungsgemäß kommt dieser Wunsch nach einer länger dauernden Tätigkeit als Hausfrau zum Durchbruch. Dann ist es in der Regel aber für vieles zu spät, wenn vorher nichts geplant oder vorbereitet wurde.

Ich möchte hier nicht eine Kampagne gegen die Heirat von Mädchen oder Frauen starten, sondern nur klar zum Ausdruck bringen, daß eine Ehe nicht als Versorgungsinstitut, in dem es sich besser lebt als im beruflichen Alltag, und als Ende eines Fluchtweges angesehen werden sollte oder gar als ein Unternehmen, das man anstrebt, wenn sich gerade nichts Besseres anbietet.

Es ist keine Frage, daß der Beruf der Hausfrau eine Unmenge von Kenntnissen und Fertigkeiten verlangt und daß die Verantwortung und die Ausübung der Kindererziehung eine der wichtigsten Tätigkeiten darstellt. Es ist auch schon lange durch zahlreiche Arbeiten und Untersuchungen nachgewiesen und belegt, daß der Zeitraum, in dem die Frau durch die Kindererziehung voll beansprucht wird und die Arbeit in der Familie ihre überwiegende Tätigkeit ausmacht, eine sehr begrenzte ist. Trotzdem, so scheint mir, wird das von den Betroffenen und deren Eltern in der Phase des Lebens, in der die Weichen gestellt werden müßten, viel zuwenig in Erwägung gezogen. Das bittere Ende dieser Fehlplanung kommt spätestens dann zutage, wenn die Ehe durch Tod oder Scheidung beendet wird und die Frau, meist mit einem oder mehreren Kindern, vor der Aufgabe steht, sich selbst ganz oder überwiegend zu erhalten. Es bleiben ihr dann erfahrungsgemäß relativ wenig Möglichkeiten. Entweder kann sie, so sie Eltern hat, zu ihnen zurückkehren und wird samt ihren Kindern von den Eltern weiter erhalten. Dies ist für beide Teile recht belastend und wird eher negativ empfunden. Oder aber sie ist gezwungen, jede Arbeit des Unterhaltes wegen anzunehmen, sei sie ihr auch noch so widerwärtig und unpassend. Das ist ein Zustand, der vielen Frauen in der geschilderten Lage das Leben als Alleinerzieher noch schwerer macht, als es ohnehin schon ist, einen positiven Neubeginn verhindert oder verzögert, wenn nicht gar verunmöglicht.

Mir sind auch die vielen Gegenargumente, die bei Debatten um berufstätige Mütter und Hausfrauen gebracht werden, hinlänglich bekannt. Immer wieder wird angeführt, daß langwierige und teure Ausbildungen für Mädchen Fehlinvestitionen seien, da der Beruf, der angestrebt wird, wegen Verheiratung bzw. Mutterschaft nicht voll zum Tragen komme. Die Hauptargumente sind immer wieder: Ehe und Kinder litten darunter, wenn die Mutter noch einer zusätzlichen außerhäuslichen Tätigkeit nachgehe. Die Kinder seien sich selbst überlassen, kämen in der Schule schlecht mit, das Familienklima sei hektisch und unerquicklich, die Ehebeziehung vom Zerfall bedroht; die Frauen seien durch die Doppelbelastung und den Dauerstreß gesundheitlich gefährdet. In letzter Zeit kommt noch das Argument dazu, die vielen Frauen nähmen den familienerhaltenden Vätern die Arbeitsplätze weg.

Mir scheint sehr vieles nicht objektiv und differenziert gesehen zu werden bzw. viel zu sehr vereinfacht und über einen Kamm geschoren. Die Pauschalurteile oder eher die Pauschalverurteilungen sind bei einer so vielschichtigen und komplizierten Sache fehl am Platz. Man kann nicht generell sagen, daß Ehen wegen der Berufstätigkeit der Frau mehr gefährdet sind und die Kinder aus einer solchen Ehe eher versagen. Es gibt eine große Anzahl von Familien, in denen die Frauen bewußt um der Kinder und um eines gepflegten Haushaltes willen daheim blieben; Ehen, in denen der Mann dies ausdrücklich wünschte. Auch diese Familien können mit ihren Kindern die allergrößten Probleme und Schwierigkeiten auf persönlichem, schulischem oder beruflichem Sektor haben.

Andererseits gibt es ebenso eine imponierend große Zahl von Familien, in denen die Frau von Anbeginn an einem außerhäuslichen Erwerb nachging oder im Betrieb des Mannes mitarbeitete und Kinder samt Haushalt nebenbei mitversorgte. Man täte all diesen Familien sicher Unrecht, würde man ihnen nachsagen, sie seien ständig am Rande des Zerfalls und ihre Kinder seien Versager geworden. Warum in all diesen Debatten und in dem Für und Wider ein nicht gerade unwesentlicher Stand, nämlich der der Landfrau und Bäuerin, einfach übersehen oder nur selten mit einkalkuliert wird, ist mir nicht klar. Ganz zu schweigen von den Gattinnen der Pendler, die die ganze Woche über die Kinder und eine Landwirtschaft allein versorgen müssen. Niemand, der sich auch nur in ganz geringfügiger Weise mit dem Stand der Landfrauen beschäftigt hat, wird sich getrauen zu sagen, dies sei kein Beruf und erfordere keine besondere Ausbildung bzw. Weiterbildung. Die Bäuerinnen arbeiteten immer schon im „Betrieb“ des Mannes oder der Eltern bzw. Schwiegereltern mit und mußten Haushalt und Kinderschar nebenher versorgen. Die einzigen Unterschiede liegen darin, daß die Bäuerin größtenteils, sieht man von sehr entlegenen Feldern ab, ihren Arbeiten innerhalb des Anwesens nachgehen konnte und nicht in einen weit abgelegenen Betrieb fahren mußte. Ein weiterer Unterschied ist wohl auch darin zu sehen, daß sie für ihre Tätigkeit kaum extra bezahlt wurde bzw. wird. Ich meine, daß trotz dieser sicher als Berufstätigkeit zu bezeichnenden Arbeit der Mütter Generationen von Landkindern herangewachsen sind, die durchaus in der Lage sind, ihren Platz im Leben auszufüllen und zu behaupten.

Auch das Erscheinungsbild und die damit verbundene Problematik der völlig überlasteten und körperlich wie seelisch erschöpften Frau, die einen Berufsalltag, den Haushalt und ein oder mehrere Kinder zu versorgen hat, ist sattsam bekannt. Darüber kann man nicht leichtfertig hinweggehen. Das alles jedoch hängt weitgehend mit einer Sicht der Dinge zusammen, mit einer Auffassung vieler, die den Erfordernissen und Tatsachen nicht gerecht wird.

Wird, wie es noch oft geschieht, das Leben in einen „männlichen“ und einen „weiblichen“ Bereich geteilt, ergibt sich zwangsläufig, daß der Mann für einen Beruf zuständig ist und die Familie zu erhalten hat. Seine Aufgabe erschöpft sich dann weithin darin, sein verdientes Geld zur Versorgung der Familie abzuliefern. Der Frau fällt der „Rest“ zu, nämlich alle Arbeiten des Hauswesens und alles, was mit den Kindern zusammenhängt. Der oft zitierte Ausspruch, „Kinder sind Weibersache“ hat auch heute vielerorts Gültigkeit, häufiger, als man denkt. Ist nun eine Frau aus einer solchen Familie, in der dieses Weltbild vorherrscht, berufstätig, wird sie sicher überfordert sein und früher oder später in irgendeiner Form zusammenbrechen. Es gibt viele Männer, die nach einem Bürotag am frühen oder späteren Nachmittag heimkommen und dann ausschließlich Ruhe verlangen und durch nichts gestört zu werden wünschen. Sie finden es selbstverständlich, daß die ebenfalls von der Berufsarbeit heimkehrende Frau sie bedient und sich um alles häusliche Drum und Dran kümmert. Hier ist die außerhäusliche Berufstätigkeit der Frau eine so große Doppelbelastung, daß sie kaum oder nur unter Aufbietung aller Kräfte und dem Risiko aller möglichen Schädigungen geleistet werden kann.

Wird jedoch diese Einteilung in die zwei Arbeitsbereiche „männlich und weiblich“ vermieden, betrachten sich beide für ihre gesamte Lebensführung verantwortlich und sind willens, miteinander die Anforderungen des Alltags zu meistern, ergibt sich ein anderes Bild. Es haben dann beide Gatten und die Kinder eben außerhäusliche und familiäre Berufspflichten, die jeweils der erledigt, der gerade dafür frei oder eingeteilt ist. Das hat dann auch zur Folge, daß häusliche Arbeiten und Verrichtungen nicht mehr geringschätzig belächelt oder als Nichtigkeiten abgetan werden, wenn jeder Beteiligte sie auch selbst ausführt. Bei jüngeren Paaren geschieht dies erfreulich oft, das Bild des einkaufenden oder Kinder versorgenden Mannes ist immer häufiger anzutreffen. Für die Beziehung der Kinder zum Vater und umgekehrt ist die Beschäftigung mit ihnen, das Füttern, Pflegen, Spielen und Lernen, von unschätzbarem Wert. Ich meine, daß viele Väter sich mehr mit ihren Kinder abgeben würden, wenn sie wüßten, wie notwendig es diese haben, wie sehr sie oft darauf warten und wie beglückend Spiel oder Arbeit mit dem Vater für sie sein kann. Der Vater ist in Familien, in denen das geübt wird, nicht eine Art Außenseiter, der ab und zu heimkommt, der gelegentlich schreit oder etwas befiehlt, sondern einer, auf den gewartet wird, der Freund, aber auch schützende Autorität ist. Er selbst wird sich weniger nur als Zahler empfinden.

In Familien, in denen die Mutter einer Berufstätigkeit nachgeht, ist es umso notwendiger, auch den Kindern Pflichten und Arbeiten zu übertragen, für die sie innerhalb des Haushaltes verantwortlich zeichnen. Einer der Gründe, warum auch „Nur-Hausfrauen“ nach einigen Jahren ihre Tätigkeit so zermürbend und aufreibend finden, ist oft darin zu suchen, daß diese Frauen das Gefühl haben, nur für Aufräumungs- und Schmutzarbeiten zuständig zu sein. Alle anderen Familienmitglieder lassen alles liegen oder fallen, wo sie gerade sind. Wird etwas gesucht oder gebraucht, wird nach der Mutter gerufen. Es herrscht die Meinung, besonders wenn die Kinder größer werden, die Familie sei eine Art „Basislager“, in dem man „auftanke“, sei es Essen oder Geld, und wo man seine Schmutzwäsche abliefere. Man selbst hat, so wird häufig geglaubt, keinerlei Verpflichtung und muß nichts zum Gedeihen der Familie, in der man ganz oder teilweise lebt, beitragen. Es ist kein Wunder, wenn Eltern darüber klagen, sie fühlten sich lediglich ausgenützt und von den Kindern ausschließlich zu deren Zwecken „gebraucht“.

Jeder Mensch läßt sich gerne verwöhnen und geht, wenn er

kann, unangenehmen Dingen aus dem Wege. Es ist oft recht schwer und mühsam, die Kinder an eine gewisse häusliche Ordnung zu gewöhnen, sie zur Mitarbeit im Haushalt zu erziehen. Sie bekommen aber, gelingt dies auch nur halbwegs, weit eher das Gefühl, ganz dazuzugehören und mitverantwortlich für das gesamte Geschehen zu sein. Es kann ihnen so auch früh vermittelt werden, daß man sie braucht und auf sie angewiesen ist. Es wird so leichter ein „Miteinander" anstelle eines „Nebeneinander" erreicht. Dies ist für jede Familie wichtig, für die, in der die Frau berufstätig ist, in besonderer Weise. Eine unabdingbare Notwendigkeit wird es jedoch, wenn die Frau nach Trennung oder Scheidung mit den Kindern allein lebt und für den Unterhalt sorgen muß.

Immer mehr kommen gerade jetzt alle „Doppelverdiener" ins Schußfeld, was in Zeiten wirtschaftlicher Rezession verständlich ist. Vielleicht müßte man dazu aber überlegen, daß „Doppelverdienen" nicht immer großen Wohlstand und Reichtum oder das ausschließliche Streben nach Luxus bedeutet. Zwei Drittel aller Ehefrauen arbeiten, damit die Familie überhaupt existieren, halbwegs familiengerechte Wohnungen oder Schulbildungen der Kinder bezahlen kann. Abgesehen vom Verdienst aber, der immer und überall in erster Linie gesehen und besprochen wird, müßte man doch einmal den Begriff „Arbeit" auch unter einem anderen Aspekt anzusehen versuchen.

Arbeit kann für den Menschen Erfüllung, Befriedigung und Freude sein, wenn er das Glück hatte herauszufinden, wofür er speziell geeignet ist, wofür er besondere Begabungen und Neigungen hat. Das fällt niemandem in den Schoß und ist nicht nur eine Frage von Geld oder sozialer Zugehörigkeit. Das beweisen die vielen, die unter widrigsten und schwierigsten Bedingungen einen Weg gingen, um sich einen bestimmten Beruf gewissermaßen zu erkämpfen. Es trägt zudem ganz wesentlich zu körperlicher und seelischer Gesundheit bei, hilft über Schicksalsschläge hinweg, eine Tätigkeit auszuüben, die einem liegt, die man als sinnvoll empfindet und die Erfolg bringt. Das trifft doch, scheint mir, für

Mann und Frau zu. Zudem ergibt sich für die Frau, deren Kinder erwachsen werden, oder bei einer Ehe, die in Brüche geht, sofort die Frage, was sie mit sich selbst anfangen bzw. wie sie sich erhalten soll. Nicht selten wird im Scheidungsfalle vom Ehegatten plötzlich vehement verlangt, die Frau solle selbst verdienen. Relativ wenig Männer sind bereit, einen angemessenen Unterhalt zu bezahlen.

Die Frage, ob und wann die Frau, die zudem Mutter ist, zusätzlich einer beruflichen Tätigkeit nachgehen soll, wird jedes Paar für sich, und das nicht nur einmal im Laufe der Jahre, selbst entscheiden müssen. Bei den Entscheidungen werden die unterschiedlichsten Komponenten maßgeblich sein, die in jedem Fall vermutlich anders gelagert sein werden. Bei all denen, für die die Mitarbeit der Gattin eine Notwendigkeit zum Überleben darstellt, wird es kaum zu großen Debatten kommen. Für viele Familien sind jedoch andere Überlegungen entscheidend, und Mann und Frau haben häufig eine gegensätzliche Auffassung dieses Problems. Das Ganze kann jahrelang als brisanter Konfliktstoff zwischen den Partnern liegen, der nur schwer einer Lösung zugeführt werden kann.

Abgesehen von all diesen „internen" Schwierigkeiten sind die Chancen im Berufsleben, vor allem beim Aufstieg oder in höheren Positionen, in unserer Arbeitswelt für die Frauen eher negative. Es bedürfte in den verschiedensten Sparten eines gewaltigen Umdenkens, einer völlig anderen Haltung gegenüber der Frau und deren Berufsarbeit. Solange dies nicht geschieht – und die Widerstände dagegen sind beachtlich –, ist die vielzitierte Gleichberechtigung und Chancengleichheit lediglich am Papier festgehalten und trotz gesetzlicher Verankerung eine Farce.

5. Krisen

Krisen gehören mit zum Leben jeder Ehe bzw. Paarbeziehung und Familie. Als „Krise“ kann man eine Situation bezeichnen, die die Zweierbeziehung oder die gesamte Familie in ihren Grundfesten bedroht und erschüttert. Dies kann auf verschiedene Art und Weise geschehen.

Eine ganze Reihe von Ereignissen kann von außen über uns hereinbrechen; wie Kriege, Verfolgungen wegen politischer oder religiöser Überzeugungen, damit verbunden der Zwang, die ursprüngliche Heimat verlassen zu müssen und unter völlig anderen kulturellen sowie sozialen Bedingungen neu anzufangen; der Verlust des Arbeitsplatzes, gravierende Krankheiten und Unfälle und deren Folgen usw.

Die Krisen, die von innen heraus über das Paar oder die Familie kommen, hängen zum Teil mit der persönlichen Geschichte des einzelnen Individuums und dessen Zusammenspiel mit dem jeweiligen Partner zusammen; zum anderen mit Wachstum und Veränderung der Familie selbst. Das ist etwa die Geburt der Kinder, der jeweilige Schulbeginn, Heranwachsen und Weggehen von Jugendlichen und deren Partnerwahl, Krankheit oder Tod eines Familienmitgliedes, eventuell das Auseinandergehen der Paarbeziehung.

Jedes einzelne dieser Ereignisse erfordert eine Neuorientierung, Neuorganisierung und neue Rollenverteilung zwischen den verbliebenen Familienmitgliedern. Die Auswirkungen der Geschehnisse und die Art, wie damit umgegangen wird, ist von Fall zu Fall verschieden. Immer jedoch erfordert es von den Betroffenen enormen Einsatz und viel Kraft.

Verschiedene Reaktionsweisen in Krisensituationen

Jedes Paar, jede Familie hat sein „Krisenmanagement“, d. h. Verhaltensweisen, die bestimmten Regeln zufolge in

Krisensituationen eingesetzt werden. Das sagt zunächst noch nichts darüber aus, ob diese Verhaltensweisen zu einer tatsächlichen positiven Lösung der Krise führen. Man weiß, daß in Zeiten, in denen das Paar oder Familien nach außen hin in einer Verteidigungsposition sind – wie etwa beim Minderheitenstatus, bei sozialer Diskriminierung oder bei Andersgläubigkeit –, alle eng zusammenrücken und sofort füreinander einstehen, seien sie sonst auch keineswegs untereinander „ein Herz und eine Seele".

Genauso kann eine Paarbeziehung jahrelang gut funktionieren, solange eine große Belastung auf ihr liegt, wie etwa die Erringung einer bestimmten beruflichen oder gesellschaftlichen Position, die Errichtung eines Eigenheimes unter großen Opfern, das Studium der Kinder usw. Hier aktiviert der Druck von außen oder der Wille, ein bestimmtes Ziel zu erreichen, alle vorhandenen Kräfte, um die schwierige Situation zu ertragen.

Eine andere Form, um auf eine massive Krise oder auf Druck von außen zu „antworten" ist die *Krankheit*. Hier drückt ein Familienmitglied durch den Körper aus, daß eine Krise meist unterschwellig, oft aber auch direkt und offen dargelegt, vorhanden ist, die von den Beteiligten nicht entsprechend bewältigt werden kann oder will. Die Medizin faßt diese Zustandsbilder unter „psychosomatische Krankheiten" zusammen. Viele von ihnen können klar diagnostiziert werden, wie etwa Asthma oder Magengeschwüre. Etliche jedoch ergeben keinen eindeutigen medizinischen Befund, sondern manifestieren sich als störende, im herkömmlichen Stil kaum behandelbare Symptome, wie etwa bestimmte Formen von Migräne, Allergien, Depressionen oder die Flucht in Alkohol oder Droge. Hierher gehört auch das sogenannte „Leere-Nest-Syndrom". Unter dieser Bezeichnung wird ein Bündel von verschiedenen und wechselnden Symptomen zusammengefaßt, unter denen hauptsächlich Familienmütter leiden. Dabei handelt es sich meist um Frauen, die sehr jung heirateten, keinen Beruf ausübten oder nur für kurze Zeit beruflich tätig waren, dann jedoch ausschließlich jahrzehntelang für eine große oder größere Familie sorgten. In all diesen Jahren galt ihr einziges Streben eben dieser Familie und allem, was damit zusammenhing. An eine Entwicklung der eigenen Person wurde dabei nicht gedacht. Es wurde nicht versucht, eigene Interessen oder Freundschaften zu kultivieren oder zu pflegen. Verläßt nun ein Kind nach dem anderen das Haus, sieht sich die Frau einer Leere gegenüber, die sie nicht zu verkraften vermag. Der Gatte ist beruflich und außerhäuslich orientiert. Die Paarbeziehung, die während der intensiven Zeit der Kindererziehung zwangsläufig etwas in den Schatten gestellt wurde, läßt sich nicht immer so ohne weiteres aktivieren. Ein Eintreten in das Berufsleben ist äußerst schwer, wenn nicht gar unmöglich. Das alles stürzt viele Frauen mittleren Alters in ein Gefühl, nicht mehr gebraucht zu werden, nutzlos zu sein und das Leben nicht oder falsch gelebt zu haben.

Die Schwierigkeit, neue Aufgaben und einen neuen Lebenssinn zu suchen bzw. zu finden, ist für sie unlösbar. Die körperliche Antwort auf einen derartigen Konflikt sind eine Reihe höchst quälender und störender Krankheitssymptome.

Viele nicht für jeden klar und einleuchtend feststellbare Störungen der Gesundheit und des Wohlbefindens – wie etwa ein imponierender Gipsverband oder eine spektakuläre Operation – werden von der Umgebung eher als „Einbildung, Nervenüberreizung oder Überspanntheit" abgetan. Die Familie neigt gerne dazu, die Klagen darüber zu bagatellisieren oder abzuschieben. Zudem zeigen diese Patientinnen häufig ein klagsames, depressives Verhalten, was sie im Umgang mit den Angehörigen nicht gerade beliebt macht. Sie werden vielfach in eine noch größere Isolation getrieben, die öfters im Selbstmordversuch gipfelt. Das Ganze stellt sich als ein verzweifelter, wenn auch untauglicher Versuch dar, aus einer Krisensituation zu entkommen.

Das Dreieck

Jeder, der in einer Paarbeziehung lebt oder gelebt hat, weiß, wie schwierig und störungsanfällig ein solches „Gebilde“ ist und wie kompliziert sich Situationen gestalten können. Normalerweise entwickelt jedes Paar bestimmte „Techniken“, die ihm selbst vielfach unbewußt sind, um diese Störungen geschickt auszumanövrieren.

Werden diese jedoch stärker oder dauern sie allzu lange an, kommt es zu einer schwerwiegenden Beziehungsstörung. Beobachtung und Erfahrung haben gezeigt, daß Paare in der Krise häufig die Tendenz haben, auf ein „Dreieck“ auszuweichen; daß heißt, ein „Dritter“ wird in die Beziehung mit hineingenommen.

Dieser „Dritte“, der eine gewisse Stütz- bzw. Erhaltungsfunktion hat, kann ein Kind oder Elternteil des Paares sein oder ein außenstehender Fremder. So verbinden sich etwa Vater und Tochter gegen die Mutter oder Mutter und Sohn gegen den Vater oder mehrere Kinder mit einem Elternteil gegen den anderen. Das kann sich in versteckter oder auch offen gezeigter Form abspielen. Diese Bündnisse haben immer ein Ziel: Zwei oder mehrere verbinden sich gegen einen Teil des in einer Krise stehenden Paares. Wozu sie das tun und welche Wirkungen es auf den Rest der Familie hat, ist jeweils verschieden, je nachdem, mit welcher Form des Systems Familie wir es zu tun haben.

Ebenso häufig verbreitet ist das Dreieck, das ein Partner mit einem Elternteil bildet. So wenden sich Frauen in der Krise beispielsweise verstärkt der eigenen Mutter zu, oder Männer schließen sich an ihre Eltern oder Mitglieder ihrer Herkunftsfamilie an. Sie bilden eine „außerhäusliche“ Koalition gegen den Ehepartner und benützen sie zur Entlastung.

Das „Dreieck“, das von Mann oder Frau mit außenstehenden fremden Personen gebildet wird, ist sicher das am häufigsten besprochene. Jedem fällt dazu sofort „die Freundin“ des Mannes und der „Hausfreund“ der Frau ein. Es gibt bei Paaren jedoch oft einen weit weniger auffallenden Dritten, der in der Zweierbeziehung eine große Rolle spielen kann; etwa den Freund des Mannes oder die Vertraute und Freundin der Frau. In allen Fällen wird dieser Dritte stark in Funktion treten, wenn eine Krise akut ist. Das kann durch massive Beeinflussung geschehen oder dadurch, daß der größte Teil der Kommunikation über diesen Dritten anstatt zwischen dem Paar selbst läuft.

Es ist nur natürlich und zeigt von der Lebendigkeit einer Paarbeziehung, wenn gute Außenkontakte bestehen und gepflegt werden. Es ist ja kaum möglich, alle Bedürfnisse innerhalb der Zweierbeziehung ganz befriedigen zu können. Kann sich jeder von außen jedoch teilweise das holen, was der Partner ihm nicht zu geben vermag, so trägt das wesentlich zu einem ausgeglichenen Leben und zur Stabilisierung bei. Es ist ja durchaus nicht so, daß Familien, in denen die Partner eifersüchtig über jeden auch noch so bescheidenen Außenkontakt des anderen wachen und ihn zu unterbinden versuchen, besonders glücklich, gesund und zufrieden wären. Hier wird Ehe eher als Kerker und Absperrung von der Außenwelt empfunden, was nicht selten zu einer Verarmung oder zum endgültigen Zerfall der Beziehung führt.

Der Kontakt zu dem außenstehenden Dritten kann jedoch so intensiv werden, an immer größerer Intimität gewinnen und letztlich die gesamte Palette vom vertrauten Gespräch bis zur sexuellen Beziehung umfassen. Gleichzeitig findet ein immer stärkerer Rückzug aus der ursprünglichen Beziehung statt. Diese wird immer mehr als Last oder als Schale empfunden und nur mehr als leere Hülse gelebt. Ob das still und leise vor sich geht oder lautstark und unter großen Szenen, ist eine Frage von Charakter, Veranlagung und Erziehung. Der „Tatbestand“ bleibt derselbe. Das Dreieck, das ursprünglich einmal als „Stabilisator“ der Ehebeziehung diente, wird hier zum schweren Störfaktor, der Zerfall und häufig auch das Ende der Ehe bedeutet.

Möglichkeiten, eine Krise zu beenden

Bei den meisten Beteiligten – je nachdem wie groß der Leidensdruck ist, der auf dem einzelnen lastet – steht der

Wunsch, die Krise zu beenden, im Vordergrund. Dazu werden verschiedene Mittel verwendet. Dies geht bis zu einem bestimmten Punkt meist recht und schlecht, bis das Paar nicht mehr in der Lage ist, die Situation zu beherrschen oder auszuhalten.

Über kürzere Strecken hinweg gelingt es oft *befreundeten oder verwandten Personen,* helfend einzuspringen. Es kann diese Hilfe, die oft sehr entscheidend ist, nicht hoch genug eingeschätzt werden; ob sie nun darin besteht, daß jemand die Kinder übernimmt, um dem Paar einige ungestörte Tage zu verschaffen, um sich in Ruhe und unbeschwerter Atmosphäre aussprechen zu können; ob bei einer überstürzten, panikartigen Flucht der Frau der Haushalt und Kinder mitversorgt werden; oder ob die Hilfe einfach im Zuhören besteht, wenn der oder die Betroffene reden will; Kurzschlußhandlungen mit weitreichenden Folgen können auf diese Weise häufig vermieden werden.

Auf die Dauer jedoch ist der einzelne, meint er es auch noch so gut, mit dem ganzen Leid, dem Streß und der Unruhe einer derartigen Krise überfordert und vermag letztlich nicht konstruktiv weiterzuhelfen.

Es ist dann zweckmäßig und sinnvoll, eine *Beratungsstelle* aufzusuchen. Im deutschsprachigen Raum gibt es in den meisten größeren Orten derartige Stellen, die vom Staat, den Gemeinden, den Kirchen oder beiden gemeinsam unterhalten werden. In ihnen arbeiten Berater oder Therapeuten, die eine gediegene Ausbildung und persönliche Eignung für diesen Beruf haben. Sie alle sind wie Arzt oder Priester zur Schweigepflicht verhalten.

Die finanzielle Gebarung ist unterschiedlich. Sehr häufig hat der Klient, der die Stelle aufsucht, keine Kosten. Der Träger der Institution, sei das nun Staat oder Kirche betrachtet seine Leistungen sozusagen als „Kundendienst" an der Bevölkerung. An manchen Stellen wird eine bestimmte Taxe verrechnet. Mancherorts richtet sich die Bezahlung nach dem Einkommen. Grundsätzlich kann man jedoch sagen, daß das Fehlen finanzieller Mittel meist nicht dazu führt, daß eine derartige Beratungsstelle nicht in Anspruch genommen werden kann.

Obwohl diese Einrichtungen durch die Medien sowie durch Mundpropaganda im Laufe der Zeit bekannter wurden und etliches von ihrem ursprünglichen Schrecken verloren haben, ist die Abwehrhaltung gegen sie bei vielen Personen noch immer sehr hoch. Die meisten Klienten haben das Gefühl des Versagthabens und der Minderwertigkeit, weil sie nicht imstande sind, ihre persönlichsten Angelegenheiten allein zu bewältigen.

Außerdem beeinflussen auch heute noch alte, von der vorhergegangenen Generation übernommene Regeln das Verhalten. Diese lauten etwa: „Anständigen Leuten passiert so etwas einfach nicht“; „seine Schmutzwäsche wäscht man nicht außerhalb des Hauses“; „Schwierigkeiten dürfen keinesfalls außerhalb der Familie erörtert werden“; oder sehr verbreitet bei Männern: „Mit meinen Problemen muß ich alleine fertig werden, ich bin ja schließlich kein Schwächling.“

Für fast jeden Menschen bedarf es großer Überwindung und meist eines großen *Leidensdruckes,* um auf diese Weise fremde Hilfe in Anspruch zu nehmen. Es kommt dann auch häufig vor, daß jemand, der sich den Entschluß so schwer abgerungen hat, enttäuscht eine derartige Beratungsstelle verläßt. Das hängt unter anderem mit verschiedenen Fehlvorstellungen zusammen.

Schon das allgemein gebräuchliche Wort „Berater“ erweckt vielfach die Meinung, man gehe hin, erzähle seine Geschichte, der Fachmann höre zu, gebe einen „Rat“, den man ausführen müsse, und alles sei wieder in Ordnung. Es geht nicht immer ganz so einfach zu in der Vorstellungswelt vieler Klienten. Oft wird die Frage gestellt: „Soll ich mich jetzt scheiden lassen oder nicht? Sagen Sie mir das!“

Enttäuschung, Zorn oder Trauer sind dann groß, wenn diese Frage nicht eindeutig beantwortet oder scheinbar gar nicht sofort als zentrales Problem vom Berater aufgegriffen wird. Denn Zweck einer Beratung oder Therapie ist es, schlecht funktionierende Beziehungen zwischen Partnern oder anderen Familienmitgliedern positiv zu verändern. Das Ziel von Therapien und Beratungen heißt ja Veränderung zum Positiven hin.

Durch Gespräche, die sachkundig geführt werden, hilft der Berater oder Therapeut dem Klienten, sein Problem überhaupt erst als ganzes klarer zu sehen, zu erfassen und zu präzisieren. Mit ihm gemeinsam beginnt er nach Lösungsmöglichkeiten zu suchen, Situationen zu entschärfen, Kurzschlußhandlungen hintanzuhalten. Diese Gespräche bedeuten harte Arbeit, Auseinandersetzung mit sich selbst und dem Partner; sie beinhalten schmerzliche Erkenntnisse und mühsames Neulernen und Neubeginnen. Der Berater kann Hilfestellung leisten, er kann jedoch keine tiefgreifenden Entscheidungen für und anstelle seines Klienten treffen.

Beratungsstellen sind auch keine „Gerichte“ oder Polizeistationen, die jemanden, der nicht kommen will, zitieren können, Bestrafungen vornehmen oder das gewünschte Verhalten erzwingen können. Es ist naheliegend, daß es bei einem Paarkonflikt sinnvoll ist, wenn beide sich zu gemeinsamen Gesprächen bei einem Therapeuten entschließen. Sehr häufig hat man es aber mit einem Teil allein zu tun, sei es, weil der andere sich vor einem solchen Schritt ganz generell scheut, sei es, daß er an der Beziehung überhaupt nicht mehr interessiert ist und auch nicht gewillt ist, etwas dafür einzusetzen. Es gelingt trotzdem oft, wenn auch nur ein Teil zu Gesprächen kommt, mit und über diesen die Beziehung zu verbessern.

Sicher ist jedoch die Haltung, die ein Klient ausdrückte, als er eine sehr schmächtige und verschreckt wirkende Gattin mit den Worten zur Türe hereinschob: „Da haben Sie sie, waschen Sie ihr den Kopf! Ich gehe einstweilen auf ein Bier“, nicht gerade die ideale Einstellung, um Paarkonflikte zu lösen. Leider ist diese Vorstellung, daß es so oder ähnlich auch gehe, in subtilerer und verfeinerter Form in vielen Menschen jeder Bevölkerungsschichte ziemlich häufig anzutreffen. Es ist aber keineswegs so, daß man den Partner oder andere Familienmitglieder „abgeben“ kann wie das Auto zum Service, damit der Mechaniker es reparieren und überholen kann.

Es gibt kaum eine Garantie für den Erfolg der Beratung, und kein Berater oder Therapeut kann vorhersagen, wohin und in welche Richtung diese gemeinsame Arbeit exakt führen wird; ob es zu einem neuen Beginn oder zu einer Trennung kommt. Trotz dieser Unsicherheit über den Ausgang scheint mir das Aufsuchen einer solchen Institution in Zeiten der Unsicherheit und der Krise aber unbedingt eines Versuches wert.

Die Trennung

Gelingt es durch längere Zeit hindurch weder dem Paar selbst noch durch die Hilfe Außenstehender, seinen Konflikt in halbwegs erträglicher Weise zu steuern oder zu lösen, dann wird öfters eine Zeit der Trennung versucht. Das ist juristisch und nach außen hin etwas anderes als eine Scheidung, wenngleich es häufig deren Vorläufer ist.

Dabei sind sich ein oder beide Teile noch nicht klar oder einig, ob es zu einer Scheidung kommen soll. Oder es werden Bedingungen, die ein Partner stellt, vom anderen nicht angenommen; etwa Aufgabe von Freund oder Freundin, Arbeitsplatzwechsel, Entwöhnungskuren bei Alkoholismus, Drogensucht und Spielleidenschaft und anderes mehr. So wird eine Zeit vereinbart, während der eine Partner sich eine andere Wohnmöglichkeit sucht und die Familie ganz oder zumindest größtenteils im Einvernehmen mit dem anderen verläßt. So zieht zum Beispiel die Gattin samt den Kindern eine Zeitlang zu ihren Eltern oder Verwandten, oder ein Mann bezieht für eine Zeitlang eine eigene Wohnung.

Handelt es sich um eine außereheliche Beziehung eines Partners, so wird immer öfter, sozusagen als verzweifelter und als „vorletzter Schritt“, vom anderen Ehegatten der Vorschlag gemacht, eine Zeitlang auszuziehen und mit eben diesem Freund oder dieser Freundin zusammenzuleben. Dieses Angebot ergeht meist dann, wenn gemeint wird, daß die außereheliche Beziehung einerseits nicht aufgegeben werden könne, andererseits aber auch keine Scheidung angestrebt wird.

Es kann nicht geleugnet werden, daß solche Maßnahmen auch ab und zu den erwünschten Erfolg, nämlich die Rückkehr des Partners, bringen. Das wird wahrscheinlich aber nur dann der Fall sein, wenn es sich um eine eher oberflächliche, aus einer Laune oder einer Unbeherrschtheit heraus entstandene Beziehung gehandelt hat. Das längere Zusammensein, und sei es auch nur für einige Wochen, kann die Unmöglichkeit, diese neue Beziehung ganz zu leben und die Ehebeziehung endgültig zu verlassen, klar an den Tag bringen. Leider kann man sich auf die Wirkung eines derartigen Abkommens nicht verlassen, und es gibt viele Fälle, in denen sich das „Aus- und Einziehen" in der Ehewohnung als makabres Spiel etabliert hat, das erst nach Jahren zu einer endgültigen Lösung gebracht werden konnte.

Es ist auch durchaus möglich, daß ein Ehegatte manchmal so große innerpersönliche Konflikte und Probleme hat, daß er wirklich eine Zeit der Ruhe und der Loslösung vom Partner dringend benötigt. Es braucht hier kein Rivale im Spiel zu sein, der als Feind der Ehebeziehung betrachtet werden muß. Hier führt eine solche Trennung auf Zeit, mag sie dem anderen Gatten auch noch so schwer verstehbar sein, nachher zu einer besseren und bewußter gelebten Ehe als zuvor.

Juristisch gesehen hat diese Form der Trennung, geschieht sie einvernehmlich, keine Bedeutung; das heißt, die Ehe wird als eine „aufrechte" angesehen. Bedeutung kommt jedoch dem Tag des Ausziehens aus der gemeinsamen Ehewohnung für den Fall einer nachfolgenden Scheidung zu.

Schlagen jedoch all diese Versuche, die Krise in den Griff zu bekommen bzw. zu bewältigen, fehl, so bleibt noch die Scheidung als letzter Ausweg.

Scheidung

Sie ist ein schmerzliches, zutiefst in das Leben zweier Menschen eingreifendes Ereignis. Ob nun diese Scheidung jahrzehntelang in der Luft hing oder eine Blitzaktion, eine Art Handstreich, darstellt, in jedem Fall bedeutet sie ein *Trauma,* eine Wunde, die schmerzt und erst langsam verheilt, wird sie halbwegs sachgerecht behandelt. Wenn auch der Schock verebbt und viele schlimme Details vergessen werden, eine größere oder weniger große Narbe bleibt doch bestehen, an die man sich erst langsam gewöhnen muß. Selbstverständlich wird das ganze ärger, je länger das Paar miteinander lebte, je mehr es in- und miteinander in positiver sowie negativer Weise verflochten war.

Eine Scheidung stellt ein Erlebnis dar, das der Durcharbeitung bedarf, um die Chance eines positiven Weiterlebens zu haben. Davor scheuen sich die meisten. Die Auseinandersetzung mit dem Geschehen beinhaltet gleichzeitig ja auch Auseinandersetzung mit sich selbst. Ein Mensch, dessen Ehe gescheitert ist und der größtenteils klagend oder schimpfend über den Partner von einem Bekannten zum anderen läuft, wird in seiner Situation kaum weiterkommen; genausowenig wie jener, der versteinert in sich selbst verkapselt verharrt.

Ein Politiker prägte den Ausdruck „Papierehen", womit jene Ehen gemeint waren, die nur mehr „am Papier" bestanden. Der früheren Gesetzeslage nach konnten sie, weigerte sich ein Ehegatte, jedoch nicht geschieden werden.

Meiner Ansicht nach gibt es genausogut „Papierscheidungen". Paare, die de jure geschieden sind, wo also der juristische Ablauf abgewickelt wurde und das Scheidungsurteil ergangen ist, sind nach wie vor ineinander verzahnt, verwickelt und in keiner Weise emotional geschieden.

Hier wird deutlich, daß das ganze Geschehen ein tiefes zwischenmenschliches Problem darstellt, das nicht einfach – wie offenbar geglaubt wird – rasch und schmerzlos abgetan werden kann. Ist ein Paar nun übereingekommen, sich scheiden zu lassen, so kann das auf verschiedene Art und Weise geschehen.

Scheidung wird – und das leider nur allzu oft – als ein wütender Vernichtungskampf angesehen, in dem einer dem anderen, solange es geht, alles erdenklich Üble antut. Das kann in einem erbitterten Kampf um Geld oder Sachwerte geschehen: „Er soll zahlen bis er schwarz wird, wenn er schon nicht mit mir lebt." „Solange ich kann, werde ich ihr immer und überall Prügel in den Weg werfen." Diese und ähnliche Haltungen sind für die Betroffenen bedauerlich und besonders tragisch, wenn sie sich auf dem Rücken der Kinder, die als „Erpressungsobjekte" verwendet werden, abspielen.

Im Hintergrunde dieser Verhaltensweisen steht die Tatsache, daß die Betroffenen mit der menschlichen Beziehung in keiner Weise „fertig geworden" sind, oft auch gar nicht willens waren, daran zu arbeiten, und nun in wildem Haß und gekränkter Eitelkeit, in wütendem Schmerz und ähnlichem mehr drauflosagieren.

Es wird wohl sehr selten möglich sein, eine Ehe kühl und ruhig und ohne innere Bewegung zu „quittieren". Sie ist ja normalerweise nicht nur ein „Rechtsgeschäft". Wohl aber kann man sich meiner Meinung nach auf *menschliche Weise* scheiden lassen, und es muß nicht alles zerstört werden.

Auch in dieser Situation kann der Berater oder Therapeut eine entscheidende Hilfe leisten. Er kann die psychologischen, rechtlichen und wirtschaftlichen Folgen dessen, was die Scheidungswilligen vorhaben, klarer beurteilen und darauf aufmerksam machen. Je klarer die Trennung in allen Details vorher schon in der Beratung durchgearbeitet und besprochen wurde, umso einfacher, nervlich weniger aufreibend und nicht zuletzt kostensparender gestaltet sich der juristische Teil.

Es ist ja letztlich auch unter anderem der Sinn einer Scheidung, klare Verhältnisse zu schaffen, in denen notwendige Richtlinien, die das Weiterleben des getrennten Paares sowie die etwaigen Kinder betreffen, fixiert werden. Auch das ist eine wesentliche und notwendige Voraussetzung, einen Lebensabschnitt zu beenden und einen positiven Neubeginn starten zu können.

Es soll noch jene Form der „Krisenlösung“ erwähnt werden, von der man meist auf mehr oder weniger spektakuläre Art erst durch die Medien erfährt. Gemeint ist hier *Selbstmord* oder *Mord* einer der Ehegatten. Besondere Umstände, Ineinanderverzahnung unglücklicher Ereignisse und das Zusammenspiel der Familienmitglieder ließen hier eine besondere Situation entstehen.

In ihr sind die Betroffenen offenbar nur mehr in der Lage, das von ihnen gewählte Mittel als einzigen Ausweg zu sehen. Einer unerträglich gewordenen chronischen Krisensituation wird auf äußerst unglückselige Weise ein Ende gesetzt.

6. Das Gefühlschaos im Trennungs- und Scheidungsablauf

Für jeden Menschen gibt es Zeitabschnitte, in denen sein Gefühlsleben vollkommen durcheinandergeraten und sein äußeres Leben durch Streß aller Art gekennzeichnet ist. Daß Trennung oder Scheidung solche Zeiten in komprimierter Form sind, ist offensichtlich. Bringt das Auseinanderbrechen von Beziehungen doch für jeden ärgste Belastungen, Schmerz und Ängste mit sich.

Es gibt Paare, für die das Zusammenleben so aufreibend, anstrengend und erschreckend ist, daß dessen Beendigung eher ein befreites Aufatmen bedeutet. Das ist etwa dort der Fall, wo brutale Gewalt ein „Kommunikationsmittel" darstellt, wo ein Ehegatte sich etwa psychotisch verhält oder wenn Alkohol- oder Drogenmißbrauch ein Miteinanderleben unerträglich machen, um nur einiges zu nennen.

Fast jeder Trennung gehen heftige Szenen und Auseinandersetzungen voraus. Diese sind – da nun einmal kein Mensch dem anderen vollkommen gleicht – von einer enormen Vielfalt. Unstimmigkeit und Streit können daher auf verschiedenste Art ausgetragen werden. Das kann vom kalten Schweigen über Ironie, ständige Drohung von Mord oder Selbstmord bis zur gröbsten Tätlichkeit gehen. Alle Formen sind für die Beteiligten zermürbend. Das Satanische daran ist, je länger und besser sich die beiden kennen, umso genauer weiß jeder, wie er den anderen am besten treffen kann. Das gilt auch für jene, die beteuern, sie wollten dem Partner ja beileibe nicht weh tun, sie seien eben nur außerstande, weiterhin mit ihm leben zu können. Dabei darf jedoch niemals unser Unterbewußtsein vergessen werden, das sich keineswegs an unsere Beteuerungen hält, sondern völlig eigenständig handelt. Das Endprodukt dieses Handelns bekommt der Partner bei jeder Auseinandersetzung heftigst zu spüren. Bei etlichen Paaren gehen diese Kämpfe Jahre und Jahrzehnte hin und her, und nicht etwa das Paar löst sich voneinander, sondern der Tod tut es; und sei es durch Gattenmord.

Bei manchen jungen Menschen, die schon unter dem Motto „Wenn es nicht funktioniert, lassen wir uns scheiden" ihre Ehe begonnen haben, geht diese Trennung eher rasch und ohne viel Tiefgang vor sich. Die Mehrzahl der Betroffenen aber durchlebt einen eher qualvollen Lebensabschnitt. Besonders hart wird die Zeit der Unsicherheit empfunden, wo man weder genau weiß, was geschehen wird, noch, was man selber am besten tun sollte.

Es ist ja in den allerwenigsten Fällen so, daß von vornherein einer dem anderen kurz und knapp sagt: „Ich mag nicht mehr!" und die entsprechenden Taten setzt. Es gibt viel eher ein schmerzhaftes Hin und Her, bange Fragen und noch bangere Antworten, affektgeladene Auseinandersetzungen, Vorwürfe und mißtrauisches Beobachten. Dazu kommen ein Sich-Abwenden und Zurückziehen vom Partner. Bei Männern bricht die Zeit der Überstunden, der zahlreichen Sitzungen, dienstlichen Auslandsfahrten und Arbeitsessen aus. Frauen wenden sich eher ihren Müttern zu oder verlieren sich in endlose Diskussionen mit Freundinnen und Verwandten.

Ist es dann so weit, daß einer der beiden sagt, er wolle „endgültig Schluß machen", so bedeutet das den Auftakt zu neuerlichen qualvollen Auseinandersetzungen, Mutmaßungen und Kampfansagen.

Das verläuft, besonders wenn ein außenstehender Dritter der unmittelbare Anlaß für das Auseinandergehen ist, äußerst tumultreich. Die allerwenigsten haben den Mut, dem anderen Ehegatten sofort einzugestehen, was tatsächlich vor sich geht. Zwischen dem Erfahren der Tatsache, dem wirklichen Begreifen, daß in diese Zweierbeziehung ein Fremder eingebrochen ist, und dem folgenden Handeln und Konsequenzenziehen liegen oft Monate und Jahre schwerster Kämpfe. Viele meinen, Verschweigen und Verleugnen sei das beste Verhalten, es finde sich vielleicht „von selbst“ eine Lösung. Das ist ein Wunsch, der oft geäußert wird und der von der Scheu definitiver Entscheidungen und von der eigenen Unsicherheit Zeugnis gibt. Der betrogene Partner seinerseits schließt oft vor offenkundigen Tatsachen krampfhaft die Augen und weigert sich oder ist außerstande, das allen Sichtbare zu glauben.

Die Zeiten, in denen ein Partner spürt, daß der andere von ihm abgewandt lebt, eine andere Beziehung jedoch erbittert leugnet, bringen viel Demütigungen mit sich. Nachfahren, Überwachen, stundenlanges qualvolles Warten gehören ebenso dazu wie etwa auch das Bezahlen eines Detektivs. Ist es dann unwiderleglich klar und erwiesen, daß es „einen anderen“ oder „eine andere“ gibt, spitzt sich die Situation wohl noch erheblich zu, sie muß deshalb aber noch lange nicht endgültig bereinigt werden – dergestalt nämlich, daß es etwa zu einem Neuerarbeiten und zu einer Veränderung der ursprünglichen Ehebeziehung und in weiterer Folge davon zur Aufgabe des außerehelichen Verhältnisses – oder zu einer Scheidung – kommt.

Es ist durchaus nicht so, daß in eine Zweierbeziehung ein fremder Dritter tiefgreifend und auf lange Sicht hin einbrechen kann, wenn diese nicht schon brüchig ist oder „Löcher“ aufweist. Dies ist eine Tatsache, die von denen, die die Untreue zu ertragen haben, schwer eingesehen oder gar zugegeben wird. Vielmehr wird die Beziehung vorher häufig als „ideal“, „problemlos“ und völlig in Ordnung geschildert. Für viele gibt es in dieser Situation nur ein ganz begrenztes Denkschema: „Dieser fremde Mensch hat mir alles zerstört, ihn trifft alle Schuld“; oder: „Ich bin ganz schuldlos, ich war immer treu. Wie konnte mein Partner mir das antun.“ Solange es nicht gelingt, diese Denkweise zu durchbrechen, ist es kaum möglich, an der angeschlagenen Ehebeziehung etwas zu verbessern oder zu verändern.

Ein sich nicht Entscheidenkönnen für die Ehe oder für die neue bestehende Beziehung führt nicht selten zu einem Nebeneinanderleben beider Partner. Das ist für alle Beteiligten, auch für den von außen dazugekommenen Dritten, eine kritische und nervenaufreibende Zeitspanne. Sie wird bis ins Unerträgliche gesteigert, wenn ein Ehegatte – überwiegend ist dies der Mann – die Ehewohnung verläßt, um zur Freundin zu ziehen, dann aber nach kürzerer oder längerer Zeit wieder zurückkehrt, um wiederum hin und her zu pendeln. Dieses „Wechselbad“ von Gefühlen der Hoffnung und des Verzweifelns nimmt dem anderen Partner meist den letzten Rest an Kraft. Es dauert oft lange Zeit, bis einer der beiden den wirklich entscheidenden Schritt zum endgültigen Ende machen kann.

Ist ein Ehepartner, aus welchen Gründen immer, nicht mehr bereit, mit dem anderen zu leben, oder zieht er einen neuen Partner dem ursprünglichen vor, so führt das bei dem, der verlassen wird, naturgemäß zu schwersten Krisen.

Ein entscheidender Grund dafür ist neben einem Chaos aus Verzweiflung, Verlassenheit, Trauer, Angst und Haß der Verlust bzw. die Herabminderung des *Selbstwertgefühles.* Jeder hat gewisse Vorstellungen von sich als Person, seinem Tun und seinem Wert als Mensch schlechthin. Wie jeder sich erlebt und empfindet, hängt eng mit seiner Kindheit und Lebensgeschichte, auch weitgehend mit der geführten Ehe zusammen. Wird jemand von seiner nächsten Umgebung vorwiegend getadelt, herabgesetzt und kritisiert, wird es ihm kaum möglich sein, ein hohes Selbstwertgefühl zu entwickeln. Scheitert nun eine so enge Beziehung, wie eine Ehe es ist, und wird einem klar, daß man vom Partner ganz oder überwiegend abgelehnt wird, daß ein anderer jetzt die eigene Stelle einnimmt, so führt das notwendigerweise dazu, das Selbstwertgefühl zu verringern oder überhaupt zu zerstören. Die abgelehnten und abgewiesenen Partner erleben sich als nutzlos, störend, als abgeschoben und vor allem als gänzlich wertlos.

Gerade dieses Stadium, das Erkennen dieser Situation, ist beängstigend und zermürbend, es löst einen wahren Tumult von verschiedenen Gefühlen aus, mit denen der Betroffene kaum zurechtkommt. Wie der einzelne darauf reagiert, wie er alles auf ihn Einstürmende und ihn Bedrängende verarbeitet, hängt weitgehend davon ab, wie er erzogen wurde und wie er bisher lebte. Von Heimito von Doderer stammt der bezeichnende Ausspruch:

> „Jeder bekommt seine Kindheit über den Kopf gestülpt wie einen Eimer. Später erst zeigt sich, was darin war. Aber ein ganzes Leben lang rinnt das an uns herunter, da mag einer die Kleider oder auch Kostüme wechseln, wie er will."

Was da „aus dem Kübel rinnt", sind unter anderem die Muster unserer Verhaltensweisen, die wir einst erlernten. Diese setzen wir nun ein, um unsere Lebensprobleme zu lösen. Das Finden und Erlernen neuer Verhaltensweisen ist äußerst schwierig und bedarf großer Mühe. Daher bedienen wir uns viel lieber der alt eingefahrenen bekannten Muster, die sich jedoch häufig als untaugliche, unadäquate Mittel darstellen.

So gibt es eine große Zahl Menschen, denen es beinahe unmöglich ist, ihrer Wut und ihrer Enttäuschung usw. Ausdruck zu verleihen. Sie versichern jedem, wie sehr sie unter der gegenwärtigen Situation litten; sie beteuern aber gleichzeitig, sie seien dem Partner nicht böse, ja sie wären glücklich, könnten sie doch wieder für ihn sorgen, wenn er zurückkomme. Der auch nur etwas aufmerksame Zuhörer spürt jedoch die bodenlose Enttäuschung, die hinter diesen traurigen Versicherungen liegt, ja so manchmal den Haß. Besonders Frauen wurden überwiegend dahin erzogen, daß es nicht erlaubt sei, wahre Gefühle auch nur annähernd auszudrücken, daß Konflikte am ehesten durch ein Darüberweggleiten zu behandeln seien, daß es zum Leben der Frau gehöre, sich nicht zu beklagen, nicht aufzubegehren und vor allem alles und jedes zu verzeihen.

Jede tiefere Beziehung zwischen Menschen ist von Fehlverhalten, gegenseitigen Kränkungen, Verletzungen und Mißverstehen bedroht. Natürlich ist es eine der vielen Voraussetzungen, um diese Beziehung am Leben zu erhalten, daß wir auch verzeihen können. Das erfordert aber in der

Regel ein Durcharbeiten des Vorgefallenen und ist ein oft recht mühsames Suchen nach neuen, beiden Teilen angemessenen Verhaltensweisen. Dieses sehr heroisch klingende „Ich verzeihe alles", das oft aus einer ethischen Haltung oder religiöse Überzeugung begründet wird, steht bei genauerer Hinsicht auf recht tönernen Füßen. Nicht selten findet man unter der Oberfläche eine Selbstgerechtigkeit, an die sich die Betroffenen verzweifelt klammern. Gerade dieses „*Ich* habe mir nichts zuschulden kommen lassen" – „*Ich* habe immer alles geopfert und bin nachsichtig gewesen" macht es dem anderen Partner unmöglich, die ursprüngliche Beziehung wiederaufzunehmen, würde er es auch noch so gerne tun.

Das entgegengesetzte Muster besteht darin, den ganzen Jammer, die ohnmächtige Wut und die Hoffnungslosigkeit der eigenen Lage hinauszuschreien in alle Welt. So kommt es zu lautstarken Szenen, die sich in „geheiligten" Büroräumen, in Restaurants oder auf der Straße und in Gesellschaft abspielen. Meist ist es die tiefverletzte Gattin, die ein großes Auditorium wählt, um alle Intimitäten der Ehe, alle Widrigkeiten, die sie erlebt und erlitten hat, dem nunmehr verhaßten Mann ins Gesicht zu schleudern – wohl wissend, daß gerade diese Art, nämlich die öffentliche Blamage, ihn ganz besonders trifft. Ein derartiges Verhalten führt in der persönlichen Auseinandersetzung des Paares selten konstruktiv weiter; eher entfremdet es die beiden noch mehr. Nicht selten haben die, die die Szenen vom Zaun brechen, nachher mit ärgsten Schuld- und Schamgefühlen zu kämpfen und fühlen sich keineswegs immer nur erleichtert. Die Umwelt, die zumeist unfreiwillig dabei Zeuge wurde, reagiert eher negativ. Das Mitgefühl wendet sich – und das nicht nur von den Geschlechtsgenossen – zumeist dem Manne zu. Man kommt schließlich überein, daß man es ihm nicht übelnehmen könne, wenn er mit so einer Person, die sich derart gebärdet, nicht auszukommen vermöge.

Männer haben nicht selten als einzige Verhaltensweise, in Situationen, in denen es entscheidend um ihre wichtigsten Beziehungen geht, das Schweigen. Je mehr auf sie eingeredet wird, je mehr an sie appelliert wird, sich zu äußern, zu sagen, was sie vorhätten, möchten oder zu tun gedenken, umso mehr ziehen sie sich zurück und verbreiten förmlich „Wälle des Schweigens“ um sich. Dahinter steht nicht selten eine völlige Hilflosigkeit, ein Nicht-Umgehen-Können mit heftigen Gefühlen, kommen diese nun vom Partner oder aus dem eigenen Bereich. Der letzte Ausweg, der in gewissen Konstellationen zu bleiben scheint, ist offene Gewalt; Schläge sozusagen als Kommunikationsmittel. Es sind hier durchaus nicht jene Männer gemeint, die als Schlägertypen bekannt sind und die gleichsam, weil dies ihre übliche Verhaltensweise ist, sich eben auch in der Familie, insbesondere der Frau gegenüber, so verhalten. Gemeint sind Paare, die sich normalerweise durchaus anders geben, die auch nicht zur Brutalität im üblichen Sinne neigen. Die beiden sind nur miteinander in einer Sackgasse gelandet, aus der sie nicht mehr herausfinden. Schlagen ist ja unter anderem ein Zeichen großer Ohnmacht und Ausweglosigkeit.

Im übrigen ist auch in dieser Krisensituation die Krankheit ein nicht unwesentliches Mittel, mit dem die Beteiligten ihren Schmerz, die Wut, die Hiflosigkeit und den Jammer auszudrücken versuchen; genauer gesagt, ihr Körper tut das für sie. Das große Repertoire der gesamten Psychosomatik wird so ins Spiel gebracht.

Es scheint hier bemerkenswert, daß immer häufiger Männer Beratungsstellen, Anwälte oder Ärzte aufsuchen und zutiefst betroffen berichten, ihre Frauen hätten sie verlassen bzw. wollten dies tun und strebten energisch eine Scheidung an. Sie zeigen dieselben Symptome, die man bisher an Frauen kannte, die in dieser Lage waren, nämlich tiefste Depression und eine lange Reihe heftigster psychosomatischer Beschwerden.

Um sich aus einer ehelichen Gemeinschaft lösen und sich vom Partner absetzen zu können, bedarf es in der Realität etlicher konkreter Voraussetzungen. Das ist eine andere Wohnmöglichkeit, ein zumindest minimales finanzielles Einkommen und nicht zuletzt persönliche Selbständigkeit, die

Kraft, allein oder mit Kindern das Leben bewältigen zu können. Dies alles war der Frau früher kaum gegeben, verlief ihre Erziehung doch in völlig anderen Bahnen und wurde von anderen Gesichtspunkten her bestimmt. Es hat sich in den vergangenen Jahrzehnten jedoch etliches im sozialen Gefüge und im Bewußtsein der Menschen verändert. Weiteste Bevölkerungsschichten haben erkannt, daß Schul- und Berufsbildung nicht nur für Burschen, sondern auch für Mädchen überaus wichtig sind. Außerdem haben sich Frauenbewegungen und Organisationen aller Art darum bemüht und bemühen sich heute intensiv, die Frau aus Unselbständigkeit, Lethargie und der Vorstellung, sie müßte von einem Mann erhalten werden, herauszuholen.

Aus all diesen genannten Gründen ist es immer mehr Frauen möglich, selbständig etwas zu unternehmen, so die Ehebeziehung sich unerträglich gestaltet. Sätze wie „Meine Wohnung betrittst du nicht mehr“ – „Mein Konto ist für dich gesperrt“ – „Ich zahle hier nicht mehr mit“ – „Du kannst gehen, wohin du willst, nur meine Sachen läßt du hier“ fallen in Auseinandersetzungen immer öfter von Frauenseite, während sie sehr lange wohl beinahe ausschließlich Männern – aus der wirtschaftlichen Überlegenheit heraus – vorbehalten waren.

Die logische Folge davon ist, daß nun die Männer ihrerseits in die Situation von Angst und Unterlegenheit mit all ihren Folgeerscheinungen geraten, in denen sich bislang fast ausschließlich die Frauen in Ehekrisen befanden.

Ein Heer von Frauen – und nicht nur erpichte Feministinnen – wird nun dazu sagen: „Es war höchste Zeit, daß es dazu kam, und es geschieht den Männern schon recht.“ Mir scheint jedoch, daß es wenig Anlaß zum Frohlocken über den gegenwärtigen Zustand und über die Möglichkeit befriedigender Paarbeziehungen gibt.

Es erweist sich als wesentlich schwierigere Aufgabe, als man vorher glaubte, erwachsen zu werden und voll verantwortlich und eigenständig zu handeln. Genau das ist es jedoch, was jeder dringendst benötigt.

7. Das Problem der Kinder bei einer Scheidung

Früher oder später stellen sich Eltern, seien sie auch noch so verstrickt in die eigene leidvolle Problematik, die Frage, was mit den Kindern geschehen soll, falls die Scheidung zur Realität wird. Das betrifft nicht nur die Frage, wo bzw. bei welchem Elternteil die Kinder nachher verbleiben sollen, sondern es wirft auch eine Reihe schwerwiegender anderer Probleme auf, die eng damit verbunden sind.

Viele Eltern beteuern aus tiefster Überzeugung heraus, daß ihre Kinder „überhaupt nichts" von ihren Schwierigkeiten wüßten, sei es, daß sie dazu zu klein seien oder weil man vor ihnen niemals Streitigkeiten ausgetragen habe. Jeder Berater und Familientherapeut wird bezeugen, daß dies nicht der Fall ist. Kinder sind je nach ihrem Alter vielleicht nicht über alle Details informiert, aber daß „etwas im Gange ist", spüren und fühlen sie genau.

Da Kinder von Erwachsenen in hohem Maße abhängig sind, ist es für sie eine Lebens- bzw. Schicksalsfrage, was aus eben diesen Erwachsenen wird und was sie entscheiden. Daß es für Kinder am besten ist, in einer Familie mit einer intakten Elternbeziehung aufzuwachsen, wird ja kaum bestritten werden. Denn die Familie ist doch der Ort, an dem das Kind nicht nur alles Lebensnotwendige erhält, sondern wo es auch erstmals erfährt, „wie miteinander gelebt" wird. Familie hat ja weitgehend – ob das von den Beteiligten gewollt wird oder nicht – Modellcharakter. Hier erlebt das Kind, ob und wie man getröstet, getadelt, gelobt wird, ob man Gefühle ausagieren darf oder verbergen muß, ob und wie Konflikte ausgetragen werden, wo Grenzen sind usw. Hier erlernt es die Regeln für sein späteres persönliches Leben, es lernt „soziales Verhalten". Das geschieht nicht nur durch Worte und Erklärungen, sondern durch viel „Unausgesprochenes“, etwa durch Gesten, Blicke oder Veränderungen der Stimmlage.

Die Kinder lieben und hängen an eben dieser Familie, in die sie hineingeboren wurden. Sie lieben und hängen auch an *beiden* Elternteilen. Damit beginnen aber auch ihr großer Konflikt und ihre Tragik. Trotzdem sollten zwei Dinge auseinandergehalten werden: das Paar als *Ehepaar* und die beiden als *Eltern*. Das sind, obwohl es manchmal miteinander vermengt wird oder eines das andere total verdrängt, doch zwei völlig andere Ebenen.

Jeder, der behauptet, er bleibe in dieser Ehebeziehung ausschließlich der Kinder wegen, sollte sich ernstlich und ehrlich fragen, ob das wirklich so ist. Es ist ein umstrittenes Thema, was für Kinder in weiterer Folge schwieriger zu verkraften ist: ein familiäres Klima, das so gut wie keine positive Ausstrahlung hat und hauptsächlich von Angst oder von einander widersprechenden Botschaften geprägt ist, oder eine klar durchgeführte Trennung. Es kommt zu allem ja noch dazu, daß den Kindern zeitlebens das Schuldgefühl aufgebürdet wird, nur ihretwegen hätten ein oder beide Elternteile eine derartige Hölle so lange erduldet. Das ist besonders für ein Einzelkind eine Bürde, die kaum zu tragen ist, und nicht selten stellt sich im Lauf der Zeit heraus, daß es eine glatte Unwahrheit oder zumindest eine Halbwahrheit war. Die Frage, ob man den Kindern etwas sagen solle oder nicht, erübrigt sich meines Erachtens vollkommen.

Mit Kindern muß und kann man reden, auch wenn sie noch sehr klein sind. Mir erscheint es, da sie neben dem Paar ja die Hauptbeteiligten sind, eine arge Ungerechtigkeit, ja Grausamkeit zu sein, sie vor vollendete Tatsachen zu stellen, ohne sie in das Geschehen mit einbezogen zu haben. Das wird manchmal sowieso nicht zu umgehen sein, wenn etwa ein Partner, auch sehr zur Überraschung des anderen, das Haus bei Nacht und Nebel verläßt und nicht mehr wiederkommt, was öfter geschieht, als man glaubt.

Mir sind die Schwierigkeiten eines acht- bzw. zehnjährigen Geschwisterpaares noch deutlich in Erinnerung. Sie waren während der Sommerferien vorsorglich weit weg „verschickt“ worden. Als sie heimkamen, fanden sie den Vater allein vor. Die Mutter war, für sie unerreichbar, schon ins Ausland abgereist. Das Paar hatte dies als beste Art der Vorgangsweise für seine Scheidung empfunden!

Es stellt sich also nicht die Frage, *ob,* sondern *wie* und *was* mit Kindern besprochen werden soll. Das Gespräch wird zunächst vom Alter und der Auffassungsgabe der Kinder abhängen, und es wird wohl kaum mit einem einzigen abgetan sein.

Nicht schulpflichtige Kinder oder auch etwas ältere Kinder sind häufig der Meinung, *sie* seien der Anlaß für das Geschehen, das hier über die gesamte Familie hereinbricht: „Ich weiß schon, warum unser Papa von uns weggeht; ich bin abends nie schnell ins Bett gegangen und habe die Suppe nicht aufgegessen.“

Szenen, die für das Kind von Bedeutung waren, nämlich ein über Nichtessen oder Nicht-ins-Bett-Gehen erzürnter Vater, werden mit der Strafmaßnahme „Er geht weg von mir“ gekoppelt. Auch von älteren Kindern, etwa in der Volksschule, kann man hören: „Er ist sicher böse, weil ich nicht alles Einser habe.“ Wichtig ist, daß den Kindern möglichst klargemacht wird, daß nicht sie der Anlaß oder die Ursache sind und daß sie weiterhin geliebt werden.

Daß zwei sich streiten, sich nicht mehr mögen, nicht mehr beisammenbleiben wollen oder können, kennt das Kind in etwa aus seinem Leben und hat je nach Altersstufe zumindest einigen Zugang und Verständnis dafür. Daß all diese Auseinandersetzungen äußerst schwierig und emotionell überladen in gespanntester Atmosphäre verlaufen, ist wohl selbstverständlich.

Kinder, denen ja an der Erhaltung ihres Familienlebens liegt, versuchen nicht selten, selbst die Geschicke in die Hand zu nehmen. Sie mischen so, ohne daß die Eltern dies wollen oder verstehen, kräftig im Geschehen mit.

Dazu setzt das Kind auch Symptome ein, von denen es unbewußt meint und hofft, dies bringe die Eltern vom

Konflikt ab oder löse ihn sogar. So treten Krankheiten auf, Jugendliche verfallen in deliquentes Verhalten, reißen von Zuhause aus, verweigern den Schulbesuch und etliches mehr.

Meiner Erfahrung nach ist es gut, in derartigen Situationen Hilfe von außen zu holen. Der geschulte fremde Dritte, der Sozialarbeiter, Berater oder Familientherapeut, vermag vieles besser zu überblicken, und mit seiner Hilfe kann am ehesten eine halbwegs befriedigende Lösung herbeigeführt werden.

Es versichern zwar Vater und Mutter, sie wollten für die Kinder das Beste und ihnen nach Möglichkeit kein Leid zufügen, alles an Schäden vermeiden, was irgend vermeidbar sei. Leider ist dem aber in der Praxis nicht so. Was geschieht, ist folgendes: Kinder sind Streitobjekte, werden als Druck- und Erpressungsmittel verwendet, als Störfaktoren eingesetzt; die Paarproblematik wird auf ihrem Rücken ausgetragen, sie dienen zur Partnerbestrafung. Kinder dürfen nur ein bestimmtes Verhalten zeigen, das ihren Gefühlen keineswegs entsprechen muß.

Das Kind als Streitobjekt

Es ist fast unvorstellbar, auf welche Weise Eltern um ihre Kinder streiten. Dabei gewinnt man leider nur zu häufig den Eindruck, daß es gar nicht so sehr um das Wohl des Kindes geht, sondern vielmehr um den „Justament-Standpunkt“: „Dir werde ich es schon noch zeigen“, was sich auf den Partner bezieht.

Das gipfelte bei einem wütenden Gatten z. B. in dem bezeichnenden Ausspruch: „Deine Strafe wirst du schon erleben, Haus und Kind kriegst du nie.“ Man beachte die Reihenfolge! Sein Verhalten war in weiterer Folge dann auch danach.

Auf sehr primitive Weise versuchen Eltern, den Kindern Versprechungen zu machen, um sie zum Mitgehen oder zum Bleiben zu überreden. Das Austragen eines tiefgreifenden Paarkonfliktes ist ein schwieriges Unternehmen. Er wird daher gern umgangen, weggeschoben oder mit fremden

Waffen ausgeführt. Deswegen setzen die streitenden Partner die Kinder ein.

So bot beispielsweise ein Vater, der lange vor der Scheidung schon aus der Ehewohnung ausgezogen war, um seine Gattin zu kränken und zu demütigen, der halbwüchsigen Tochter jedes Wochenende „schicke" Gasthausbesuche und Ausflüge an. Das Mädchen wurde zwischen der sie ehrenden und verlockenden Einladung und dem Wunsche, manchmal bei der sehr einsamen Mutter zu verbleiben, hin- und hergerissen. Begreiflicherweise litt sie arg unter diesem Konflikt, entwickelte Krankheitssymptome, ganz zu Schweigen vom Rückgang ihrer schulischen Leistungen.

Frauen setzen Kinder als Waffen ein, um so den Partner wenigstens für ein Gespräch oder für kürzere Zeit herbeizuzwingen. So wurde beispielsweise von der Mutter eine leichte Unpäßlichkeit eines Fünfjährigen zur gefährlichen Krankheit hochstilisiert, um den Gatten aus einem anderen Bundesland von der Freundin wegzuholen. Anschließend teilte die Mutter dem Kinde mit, es sei nur „alles Spaß" gewesen, es müsse weder ins Krankenhaus, noch müsse es operiert werden!

Jugendliche werden als „Späher" ausgesandt, um zu erkunden, wo und wann das Auto des Vaters abgestellt war, oder um aufzupassen, aus welchem Haus er herauskommt. Andererseits werden sie zur Überwachung der Mutter angehalten, um deren Kommen und Gehen festzustellen. Die Mittel, um das alles zu erreichen, gehen von der versprochenen Belohnung über die Drohung bis zu Schlägen. Ich kenne einen Vierzehnjährigen, der über ein Jahr lang telefonieren bzw. in die neue Wohnung des Vaters gehen mußte, um ihm alle fingierten „Herzanfälle" seiner Mutter zu melden und ihn auf diese Weise herbeizuholen. Oder ich denke an die Familien, in denen ständig die Drohung von Selbstmord in der Luft liegt. Es sind das alles nicht aus purer Bosheit zusammengetragene Fälle, wie es scheinen mag, sondern sozusagen das tägliche Brot von Sozialarbeitern, Beratern und Therapeuten.

Elternschaft fordert den Menschen etliches an Reife und Erwachsensein ab. Das fehlt vielen, obwohl sie es den Jahren nach haben müßten. Ich glaube, daß die allermeisten Menschen zutiefst gute Eltern sein möchten, daß sie aber häufig nicht wissen, wie sie das zustande bringen sollen. In Situationen, in denen es für sie selbst um Existenzfragen geht, greifen sie eben auch in der Verzweiflung zum „Kampfmittel" Kind.

Einen weiteren wesentlichen Punkt in der Scheidungszeit und darüber hinaus stellt die Art und Weise dar, wie die streitenden Partner *über einander* zu den Kindern reden. Es ist allzu verständlich, daß Haß, gekränkte Eitelkeit, Trauer, Verlassenheit und vieles andere mehr in einem Partner, der verlassen wurde, durcheinanderwogen. Man sollte aber nie vergessen, daß der Vater, was immer er getan hat, der Vater bleibt, ebenso wie die Mutter Mutter bleibt. Das Kind wird sich mit der Tatsache, mit dem, was geschehen ist (sollten dies auch noch so schwerwiegende Vergehen sein), sowieso selbst zu gegebener Zeit auseinandersetzen müssen. Was für den einen Gatten am anderen unannehmbar war, muß es durchaus nicht auch für das Kind an einem Elternteil sein. Es sind daher Beschimpfungen, Schlechtmachen und Herabsetzen des Partners für das Kind oder den Halbwüchsigen lediglich eine zusätzliche Belastung, die meist nichts bringt, die Lage jedoch sehr verschlechtern kann.

Ist die Scheidung einmal ausgesprochen und sind die Grundbedingungen: Welches Kind lebt fortan bei welchem Elternteil?, festgelegt, dann sind weitere Hürden zu nehmen. Die herrschende Regel in unseren Breiten ist doch die, daß nicht schulpflichtige Kinder bei der Mutter verbleiben. Wird dem Vater das alleinige Sorgerecht zugesprochen, so sind die Kinder häufig bei dessen Eltern. Das resultiert aus der Berufstätigkeit des Mannes einerseits, andererseits auch daraus, daß man der Meinung ist, Männer könnten allein kleine Kinder nicht aufziehen. Mir sind nur ganz wenige Fälle bekannt, in denen der Vater Kleinkinder übernahm. Der Stil des amerikanischen Films „Kramer gegen Kramer" ist bei uns eher eine Rarität.

Manche Frauen meinen nun, nach der Scheidung müßten gewisse Dinge eintreten bzw. andere müßten unbedingt vermieden werden. Ein Satz, der in Gesprächen mit ihnen immer wiederkehrt, lautet: „Die Kinder dürfen und sollen nicht darunter leiden." Die Mutter meint, alles tun zu müssen, um den Kindern einen Ausgleich zu bieten für das Zerbrechen der Elternbeziehung.

Mir scheinen das fromme Wünsche zu sein, die niemandem nützen, sondern lediglich dazu angetan sind, eine Scheinwelt zu erzeugen. Tatsachen kann man nicht „wegdiskutieren". Die Gegebenheit ist nun einmal die, daß ein Elternteil fehlt, daß es in der Regel einschneidende Veränderungen gibt, die an allen Ecken und Enden spürbar werden. Sie zu verheimlichen, sie zu übertünchen oder gar zu verleugnen ist sinnlos.

Es ist selbstverständlich, daß die Kinder – graduell verschieden – darunter leiden, „Scheidungswaisen" zu sein. Das ist eine Realität, die sie in ihrem Leben akzeptieren lernen müssen. Dem Kind oder Jugendlichen kann man dabei helfen, wenn man liebe- und verständnisvoll, jedoch offen und ehrlich auf seine Probleme eingeht.

Es wurde eingangs schon gesagt, daß Kinder, außer in wenigen Ausnahmefällen, beide Elternteile lieben. Wird nun in der Restfamilie – meistens gehören Großeltern und andere Verwandte dazu – der nicht mehr in der Familie lebende Elternteil entweder totgeschwiegen oder als jemand dargestellt, der nicht eine einzige gute Eigenschaft hat, schafft das dem Kind oder dem Jugendlichen zusätzliche Schwierigkeiten. Dem betroffenen Sohn oder der Tochter sollte doch wirklich und ehrlich die Möglichkeit gegeben sein auszudrücken, daß es um den weggegangenen Elternteil trauert, daß es leidet und daß es ihn liebt und vielleicht trotz allem Geschehenen glühend bewundert; daß es sich vielleicht schämt, ein Kind geschiedener Eltern zu sein.

Kinder spüren mit viel Feingefühl, was von ihnen erwartet wird; sie richten sich möglicherweise auch aus Selbstschutz danach. In ihrer Gegenwart fallen von Erwachsenen anderen

Personen gegenüber häufig Bemerkungen wie: „Er macht sich nichts aus seinem Vater.“ – „Die Kinder wollen nie zum Vater gehen.“ – „Sie sind bei der Großmutter, die sie sehr verwöhnt und ihnen alles tut. Sie denken an die eigene Mutter überhaupt nie.“ Das sind gleichsam Warnungs- bzw. Verbotsschilder, die, obwohl nicht direkt an die Adresse der Kinder gerichtet, doch für sie deutlich als solche gelten. Das von den Erwachsenen Gesagte muß jedoch in keiner Weise mit dem Denken und Fühlen der Kinder übereinstimmen. Das schon einmal von einem Erwachsenen im Stich gelassene Kind will es sich mit dem „Rest-Elternteil“, der verbleibt, nicht auch noch verscherzen. Es verhält sich nach außen vielleicht dieser Schablone gemäß, ist aber nicht in der Lage, seinen Konflikt mit den eigenen und so anders gearteten Gefühlen zu bewältigen. Aggression, Krankheitssymptome, Schulversagen, delinquentes Verhalten sind oft die Folge und stellen sich als einen verzweifelten Versuch des Kindes dar, die Lage zu meistern.

Das Schicksal, „Scheidungswaise“ zu sein, ist selbstverständlich weder wünschenswert noch einfach für die Kinder. Es soll hier auch nicht als billiger Trost gesagt werden, daß es „Schlimmeres“ auf der Welt gibt. Man darf aber doch nicht übersehen, daß enorm viele Kinder trotz dieses Schicksals zufriedene und ausgeglichene Menschen wurden. Das kann durch sinnvolles Verhalten der Eltern in der schwierigen Situation sowie durch Hilfe anderer ermöglicht und erleichtert werden.

Es muß keineswegs so kommen, wie eine Lehrerin in einem Gymnasium beim Unterricht zum Thema „Familie“ sinnvoll formulierte: „Mädchen aus geschiedenen Ehen werden Dirnen und landen in der Gosse, Burschen werden Kriminelle.“ Außerdem – und das ist meist das Tröstliche – verfügen Kinder und Jugendliche über besonders viele Ressourcen, in ihnen liegen Kräfte verborgen, die zum Tragen kommen, wenn die Not groß ist.

Das Besuchsrecht

Es wird in diesem Zusammenhang entscheidend für alle Beteiligten sein, wie das Besuchsrecht geregelt wird. Unserer Rechtslage nach hat üblicherweise der Elternteil, der nicht mit den Kindern im gemeinsamen Haushalt lebt, ein Recht auf gewisse Besuchszeiten. Das sind, wenn es sich um Eltern, die im Arbeitsprozeß stehen, handelt, vor allem die Wochenenden. Die Dauer der Besuchszeit sowie die Art der Übergabe der Kinder hängt selbstverständlich auch wesentlich von deren Alter ab. So kann etwa jeder zweite Samstag oder jedes zweite Wochenende vereinbart werden. Dazu kommen noch anteilige Ferientage, etwa zu den großen Feiertagen, sowie die Einigung über die großen Schulferien.

Gerade in diesem Punkt zeigt es sich unter anderem sehr deutlich, wie und ob ein Paar bereit und imstande ist, seinen Konflikt konstruktiv zu lösen. Sehr häufig wird die Tatsache, daß eine verbindliche Besuchsregelung getroffen werden sollte, als unwichtig beiseite geschoben. Frauen erklären, das Kind dürfe nicht in einen Rahmen gepreßt werden, etwa unter dem Motto: „Samstags gehst du zum Vater." Alles solle frei und ungezwungen zugehen. Oder Männer erklären, sie ließen sich nicht zum Besuchsvater „abstempeln" und vorschreiben, wann und wie lange sie mit ihren Kindern beisammen sein dürften. Es seien ja auch ihre Kinder, und außerdem zahlten sie für sie.

Daß dies alles zu nichts weiter als zu einer endlosen Kette von Streitereien führt, die für die Kinder sehr negativ sind, ist selbstverständlich. Es hat sich meines Erachtens aber als zweckmäßig erwiesen, ein sehr genau festgelegtes Besuchsschema miteinander auszuhandeln und auch festzuhalten. So wissen beide getrennte Parteien, daß sie das Menschenmögliche tun, um eine unbefriedigende Situation in die Hand zu bekommen. Die Zeitspanne, die kritisch ist, dauert nicht allzu lange. Jugendliche regeln sich heute oder morgen ihre Beziehung zu dem Elternteil, bei dem sie nicht mehr ständig leben, ziemlich selbständig. Solange Kinder noch klein sind, ist das nicht möglich, und sie sind dem Druck der Eltern stärker ausgesetzt, ohne sich adäquat dagegen wehren zu können.

Sehr oft setzt der, bei dem die Kinder ständig leben, alles daran, den früheren Partner von jedem Kontakt mit den Kindern auszuschließen. Beratungsstellen, Sozialarbeiter, Ärzte und Gerichte werden bemüht, um dem früheren Gatten unter allen Umständen das Kind zu entziehen. Die Ursachen für dieses Verhalten mögen begründete oder unbegründete Angst, Haß, Enttäuschung oder einfach das Bestreben sein, dem anderen etwas anzutun. Für beide Elternteile bringt dieses „Abgeben" oder „Übergeben" der Kinder an den ehemaligen Gatten, besonders in der ersten Zeit nach der Scheidung, neue Aufregung und setzt viel Unangenehmes in Bewegung.

Bei den Frauen ist es vielfach die Angst, der gewesene Gatte könnte „etwas nicht in Ordnung finden" und es ihnen dann zur Last legen. Tatsächlich klammern sich Väter an diesen Rest der ihnen verbleibenden Macht und nörgeln an Kleidern, Benehmen, Schulerfolgen der Kinder usw. herum. Es geht auch bei diesem Verhalten nicht so sehr um das Wohl des Kindes, sondern darum, der Mutter etwas am Zeug zu flicken.

Viele Männer verfügen nach der Scheidung über eine eher bescheidene Behausung oder leben in einer Wohnung, die für den Besuch eines oder mehrerer Kinder ungeeignet ist. Sind die finanziellen Mittel begrenzt, so ist es für viele Väter ziemlich schwierig, mit den Kindern die Besuchszeiten sinnvoll zu verbringen. Es stehen auch nicht immer Großeltern zur Verfügung, bei denen man sich treffen könnte. Die Kinder selbst sind wenig bereit, etwas zu tun, was ihnen keine Freude macht. So lehnen sie die Besuchswochenenden beim Vater häufig ab. Das bringt in vielen Fällen beiden Elternteilen Ärger: dem einen, weil er sich zurückgestoßen fühlt, dem anderen, weil er dadurch nie zu einem freien Wochenende kommt. Der eine wird lediglich in dem Gefühl bestärkt, alle Last liege beständig auf ihm, während der andere ein ungebundenes Leben führe.

Es ist selbstverständlich, daß bei Besuchen unter der Woche Stundenpläne, genaue Arbeitsteilung und Planung der Zeit eingehalten werden müssen; besonders wenn eine Frau berufstätig ist. Eine gewisse Ordnung in der Wohnung sowie das Erledigen der Schulaufgaben müssen ebenfalls von den Kindern verlangt werden. Bietet nun der Vater ein Wochenende an, das frei ist von jeder Pflicht mit jeder nur möglichen Verwöhnung des Kindes, dann hat die Mutter am Wochenbeginn ziemliche Schwierigkeiten, alles wieder ins gewohnte Geleise zu bringen.

Nicht selten spielt auch die finanzielle Gebarung eine große Rolle. Die Mutter, die ihr Budget genau einteilen muß, sieht sich einem Vater gegenübergestellt, der sich an den Besuchstagen so benimmt, als spiele Geld überhaupt keine Rolle. Es ist Kindern in der Regel sehr schwer möglich zu verstehen, was hier vorgeht. Viele Väter gebärden sich als großzügige „Alleserlauber", vielleicht um der Frau auf diese Weise noch etwas antun zu können; oder sie leben in der Besuchszeit mit den Kindern weit über ihre tatsächlichen finanziellen Verhältnisse, um ihre Schuldgefühle zu beruhigen.

Dieses geschilderte Verhalten gibt es natürlich ebenso mit verkehrten Vorzeichen, daß nämlich die Mutter sich als die großzügige, alles erlaubende Gastgeberin am Wochenende erweist und der Vater für die Einhaltung aller lästigen Pflichten sorgen muß. Es kommt bei uns lediglich aus sozialpolitischen und sozialen Gründen wesentlich seltener vor und ist daher etwas Ungewohntes. Bei Paaren, die geschieden sind, spielt bezüglich der Besuchsregelung der Kinder sehr oft noch ein schwerwiegendes Motiv herein. Immer wieder taucht das Problem des „Nachfolgepartners" auf. Es handelt sich dabei überwiegend um Ehen, in denen der Mann seine Frau um einer Freundin willen verließ. Lebt nun der Gatte mit dieser Frau zusammen, hat die Mutter der Kinder größte Ängste und gerät förmlich in Panikzustände bei der Vorstellung, ihre Kinder kämen mit der Rivalin zusammen.

Diese Haltung ist sehr verständlich, besonders dann, wenn die verlassene Gattin die ausschließliche und alleinige Ursache des Scheiterns ihrer Ehe in dieser Rivalin sieht, wenn sie die ganze Situation so erlebt, als habe eben dieser Mensch das Wesentliche ihres Lebens zerstört. Hinzu kommt häufig die Haltung der Kinder oder Jugendlichen, die für die Mutter äußerst schmerzlich und nicht verstehbar ist. Es ist nämlich keineswegs immer und überall so, daß die „Nachfolgerin" von den Kindern abgelehnt oder wild gehaßt wird. Das trifft oft zu, ist aber selbstverständlich keineswegs die einzig mögliche Verhaltensweise.

Ich glaube, man braucht nicht viel Phantasie, um sich vorstellen zu können, was es für die Mutter bedeutet, wenn ein Teenager von einer Urlaubsreise mit dem Vater und dessen Lebensgefährtin oder neuer Gattin zurückkehrt und erzählt, es sei dies der tollste Urlaub seines Lebens gewesen und Vatis „Neue" sei einfach „super"! Daß Jugendliche nicht immer sehr besonnen sprechen und sich streckenweise nicht gerade durch taktvolles Verhalten auszeichnen, ist bekannt. In der konkreten Situation nützt dieses Wissen den Beteiligten jedoch sehr wenig. Aus solchen oder ähnlichen Situationen heraus kommt es bei den Frauen zu einer ähnlichen Krise, wie sie sie erlebten, als der Mann sie verließ. Es geschieht ihnen wie schon einmal, daß sie von Personen, die größte Bedeutung in ihrem Leben haben, zurückgewiesen bzw. hintangestellt werden.

Aus der Angst heraus, dieses oder ähnliches könnte passieren, versuchen viele, alles nur mögliche zu unternehmen, um ein derartiges Zusammentreffen von vornherein zu unterbinden. Es wird immer wieder die Frage gestellt, ob man denn juristisch nichts dagegen tun könne; etwa ein teilweises oder totales Besuchsverbot erwirken.

Das ist generell gesehen sicher nicht möglich. Für den Gesetzgeber steht über allem, was mit den Kindern zu geschehen hat bzw. zu unterlassen ist, als oberster Richtsatz das *„Wohl des Kindes"*. Von diesem Blickpunkt aus muß auch dieses Problem gesehen und behandelt werden. Man kann also nicht sagen: „Der Umgang mit gerade dieser Frau ist zu verbieten.“ Sondern es müßte in jedem Fall genau überprüft werden, ob und inwieweit es für die bestimmten Kinder von Nachteil wäre, kämen sie mit ebendieser Frau in nähere Berührung. Das ist nicht einfach und führt bei zwei hart kämpfenden Parteien häufig zu Sachverständigengutachten und Gegengutachten. Würde auch ein solches Gutachten schlußendlich einen „Sieg“ bringen, so bliebe immer noch offen, wie es der Mutter konkret gelingt, diese Begegnung in der Praxis zu unterbinden, wenn der Vater dies nicht akzeptiert.

Kontakte der Kinder zu dem Elternteil, der nicht ständig mit ihnen zusammenlebt, gestalten sich überwiegend problematisch. Sie können besonders in der ersten Zeit nach der Trennung enorme Schwierigkeiten, Ängste, Ärger und viel Schmerzliches verursachen. Es ist aber von größter Bedeutung für die Kinder, für ihre Weiterentwicklung und fernere Zukunft, ihnen diese Kontakte zu ermöglichen. Immer wieder stellt sich heraus, daß völliges Totschweigen, totales Ablehnen oder Schlechtmachen des anderen Elternteils sie in seelische Not und Schwierigkeiten aller Art stürzen.

Günstig wäre es, gelänge es den Kindern, mit dem abwesenden Elternteil in den Zeiten des Beisammenseins eine möglichst tragfähige Beziehung aufzubauen. Das setzt zum einen das Interesse und die Bereitwilligkeit dessen voraus, der besucht wird, und zum anderen die Bereitschaft der früheren Partner, Haß- und Störaktionen gegeneinander über und durch die Kinder auszuklammern.

Wie auf vielen anderen Gebieten auch tritt Beruhigung ein und kommt es zu reibungsloseren Begegnungen aller Beteiligten, wenn das Paar seinen Grundkonflikt miteinander austragen und sich echt voneinander lösen kann. Die Nutznießer einer derartigen Beilegung des Konflikts sind die Kinder.

8. Juristische Fragen

Unweigerlich wird jeder in der Krise Stehende, der sich mit dem Gedanken von Trennung und Scheidung auseinandersetzt, früher oder später mit dem rechtlichen Teil der Angelegenheit konfrontiert.

Das bedeutet für viele Menschen das Betreten eines Gebietes, das ihnen vollkommen fremd, unverständlich, ja bedrohlich erscheint und häufig Anlaß für zusätzlichen Kummer und zusätzliche Sorgen gibt. Zudem kommt besonders bei Frauen und einfachen Menschen eine wahre Angst, ja Panik vor Ämtern, Behörden und Formularen. All das jedoch sind Begleiterscheinungen, die nicht zu vermeiden sind.

Mir scheint, daß gerade auf diesem Gebiet enorme Unwissenheit, Fehlvorstellungen, Fehlinformationen und Mißverständnisse vorherrschen. Zum anderen muß auch gesagt werden, daß die Rechtsordnung, gerade was das Familienrecht anlangt, an sich schon höchst kompliziert ist und durch Reformen verschiedener Art während der letzten Jahre auch für den Kundigen und Eingeweihten zum Dschungel wurde. Im wesentlichen geht es, sehr vereinfacht gesagt, bei einer Scheidung immer wieder um dieselben Dinge:

- In welcher Form werden die beiden voneinander geschieden?
- Was geschieht mit den Kindern?
- Wie wird die Unterhaltsfrage gelöst (sowohl für den Partner als auch für die Kinder)?
- Was geschieht mit dem gemeinsamen Vermögen?
- Wie ist die Frage der Sozialversicherung zu lösen?

Das bedeutet häufig endlose und mühsame Auseinandersetzungen, es kann zu Prozessen und damit zu Gerichtsverhandlungen führen und viel Geld kosten. Wie überall sind natürlich auch hier vernünftige Regelungen, die allen Beteiligten Schmerz, Nerven und Geld ersparen, möglich, wenn die streitenden Parteien dazu bereit sind.

Gerade auf diesem Gebiet der rechtlichen Auseinandersetzungen wird jedoch vieles „ausgelebt“, was auf eine andere Ebene gehören würde. Sind die Beteiligten in ihren Beziehungen zueinander nicht fertig geworden, tragen sie die Skala der Gefühle von Angst über Schmerz bis zum Haß häufig hier aus.

Richter, Anwälte, Rechtspfleger, Sozialarbeiter, Ärzte und Geistliche können dadurch in den Sog dieses Kampfes geraten, gegeneinander ausgespielt und als „Kampfmittel“ verwendet werden, genauso wie die Kinder des Paares.

Menschen, die von dominierenden Partnern verunsichert und bedroht werden, äußern sehr oft die Angst, sie könnten einmal „aufwachen und geschieden sein“, ohne dazu auch nur das geringste sagen zu können.

Ein ebenso viel verwendetes Mittel, den Partner einzuschüchtern und ihn von unliebsamen Handlungen abzuhalten, ist immer wieder die Drohung: „Die Kinder kriegst du nie“ – oder: „Die Kinder nehme ich dir weg.“ Festgestellt muß zunächst einmal werden, daß juristische Lösungen nicht „Nacht-und-Nebel-Aktionen“ sind, von denen der unmittelbar Betroffene im nachhinein oder rein zufällig erfährt.

Eine Scheidung muß von einem der beiden Partner initiiert werden, d. h., einer muß die *Scheidungsklage* am zuständigen Gericht einbringen. Das kann man selbst tun, kann es aber auch von einem Anwalt besorgen lassen.

Damit sind wir bei einem weiteren entscheidenden Thema. Scheidungen unterliegen nicht dem Anwaltszwang; d. h., der Beteiligte kann bei Gericht allein auftreten. Wenn aber nicht alles einvernehmlich zwischen den beiden Partnern abgeklärt ist, wird es vorteilhafter sein, sich bei Gericht von einem Anwalt vertreten zu lassen. Die Wahl des Anwaltes ist keine leichte oder einfache Sache. Sie mag durchaus mit der oft schweren Entscheidung, einen Arzt zu wählen, verglichen werden. Anwälte sind zum einen durch bestehende Gesetzesvorschriften in ihren Handlungen gebunden. Zum anderen müssen sie die aufgewendete Zeit verrechnen, wollen sie kostendeckend arbeiten. Vielen Menschen, besonders Frauen, die alleinstehend und verzweifelt eine Situation durchkämpfen, ist es häufig nicht möglich, sachlich die Informationen zu geben, die für den Anwalt unentbehrlich und für den juristischen Ablauf entscheidend sind. Über den Anwalt ergießen sich das ganze persönliche Leid, die Unsicherheit, Erbitterung, Verlassenheit des einzelnen.

Der Anwalt ist aber weder Priester noch Arzt, noch Eheberater oder Psychiater, er wird sicher in dieser Weise über Gebühren strapaziert. Natürlich muß man sagen, daß es manchen Anwalt gibt, der versucht, all diese Anforderungen zu erfüllen, und der manchem Klienten eine unschätzbare menschliche Stütze ist. Man kann jedoch nicht mit der Einstellung hingehen, all das müßte geboten werden. Wenn es nicht zutrifft, ist man völlig vernichtet von der „kalten", interesselosen Behandlung, die einem zuteil wurde. Oder man klagt über die hohe Kostenrechnung, weil man so viele Stunden in einem unkonzentrierten Gespräch beim Anwalt „verbraucht" hat.

Auch in diesem Beruf gibt es Vertreter, denen der Mensch als solcher wichtig und achtungswürdig ist, in dessen Dienst man sich stellt. Aber es gibt auch andere, die den Eindruck erwecken, der Klient sei ihnen gleichgültig, oder, was schlimmer ist, sie behandeln ihn von oben herab ohne Geduld und Einfühlungsvermögen. Es ergibt sich nicht gerade selten die Situation, daß Frauen sich vor dem Gatten, vor der Situation und vor dem eigenen Anwalt fürchten.

Zur Frage bezüglich der *Kinder* eines Paares gilt:

Beiden Eltern sind *gleichermaßen* die Pflicht zur Pflege und Erziehung aufgetragen sowie die Vermögensverwaltung und die gesetzliche Vertretung ihrer Kinder. Es ist also juristisch nicht gerechtfertigt, wenn ein Partner in Streit- oder Trennungssituationen ein oder mehrere Kinder nimmt, mit ihnen wegzieht oder sie irgendwo anders unterbringt, ohne daß der Partner dies weiß oder billigt.

In der Praxis kommt das immer wieder vor. Der Elternteil, der damit nicht einverstanden ist, kann dann aktiv werden. Es liegt an ihm, einen Antrag an das *Pflegschaftsgericht* um die Zurückbringung der Kinder zu stellen. Der Richter entscheidet dann nach Anhören beider Parteien, wer die Kinder nun bekommen soll. Sind die Kinder in einem entsprechenden Alter, können sie selbst dazu gehört werden und mitentscheiden, ob sie bei der Mutter oder beim Vater verbleiben wollen.

Die staatliche Kinderbeihilfe steht dem Elternteil zu, in dessen Haushalt die Kinder tatsächlich leben. Sie kann über Antrag vom Finanzamt angefordert werden. Für Ansuchen um eventuelle Erhöhung der Alimentationszahlungen für die Kinder oder etwaiger anfallender Mehrkosten (Zahnregulierungen, sonstige besondere Behandlungen, Schi- und Sommerlager usw.) ist ebenfalls das Pflegschaftsgericht zuständig; ebenso für alle Fragen, die eine Besuchsregelung bzw. deren Änderung betreffen. All diese Dinge werden üblicherweise von einem Rechtspfleger, einem Beamten, der dem Pflegschaftsrichter unterstellt ist, bearbeitet.

Kostenlose juristische Beratungen erteilen die Bezirksgerichte an den sogenannten „Amtstagen", die genau festgelegt sind. Ebenso arbeitet an fast allen Eheberatungsstellen mindestens ein Jurist als „Rechtskonsulent" mit. Weitere Institutionen, die juristische Fragen beantworten und Auskünfte erteilen, sind die *Kammern* und die *Gewerkschaften.* In Fragen über die Sozialversicherung ist der *Sozialversicherungsträger* zuständig. Vom Bundesministerium für Justiz werden kostenlose Informationsschriften, die jedem zur Verfügung stehen, herausgegeben.

Zusammenfassend kann gesagt werden: Information ist wie überall wichtig und entscheidend. Vorsicht in der Wahl der Mittel ist geboten. Ein Sich-Einstellen auf die Auffassung und Vorgangsweise im juristischen Alltag ist zweckmäßig. Für seelische Belange und Schwierigkeiten sind eher andere Fachleute zuständig. Die Aufgabe des Juristen liegt überwiegend auf juridischer Ebene.

9. Das soziale Umfeld

Neben allen seelischen Kämpfen während und vor einer Scheidung, in den ärgsten Auseinandersetzungen und wirtschaftlichen Sorgen, ist für viel mehr Menschen, als man annimmt, die Frage: „Was werden die anderen (Umwelt) dazu sagen?", ein schwerwiegendes Problem. Viele meinen zwar, die einzige Richtschnur ihres Handelns sei ihre persönliche Überzeugung, danach fällten sie ihre Entscheidungen, alles andere sei ihnen völlig gleichgültig. Für die allerwenigsten trifft dies jedoch tatsächlich zu, wenn man genauer hinsieht.

Jüngere, die das Image pflegen: „Mir sind die anderen völlig egal", scheinen es viel leichter zu haben als ältere Jahrgänge. Aber wir alle sind keine Inselmenschen, sondern mehr, als uns oft lieb ist, von der Umwelt und deren Reaktionen auf unser jeweiliges Tun und Lassen abhängig.

Besonders für Frauen ist die Vorstellung, ihrer Umgebung als „Geschiedene" gegenübertreten zu müssen, manchmal geradezu eine Unmöglichkeit. Oft bekommt man zu hören: „Furchtbar, wenn ich das denen am Arbeitsplatz sagen muß." – „Das steht ja dann auch in meinem Paß!" – „Ich kann mir nicht vorstellen, danach in die Stadt zu gehen. Was sage ich denn, wenn ich Bekannte treffe?" – „Was wird sein, wenn ich zum ersten Mal in meiner Kirchengemeinde bin?" – „Muß ich das auch in der Schule meiner Kinder bekanntgeben?" usw. Alle diese und viele andere Vorstellungen lösen vielfach Scham und Angst, ja oft Panik aus. Nicht jede Frau ist Feministin aus Überzeugung oder aus einer Gruppengesinnung heraus, daß sie etwa sagen kann: „Ich bin stolz darauf, geschieden zu sein!"

Es ist nur natürlich, daß jeder, der mit einem entscheidenden Problem belastet und befaßt ist, dies in den Vordergrund bzw. Mittelpunkt seines Denkens und all seiner Überlegungen stellt. Das verstellt aber die Sicht auf vieles andere, erschwert die richtige Einschätzung oder macht sie unmöglich. Für die Umwelt ist es nämlich keineswegs *das* zentrale Problem wie für den Betroffenen selbst.

Klatsch ist bei Frauen und Männern äußerst beliebt. Doch wie rasch ist die „pikanteste" Neuigkeit über der nächsten vergessen. Jemand hat den Ausspruch getan: „Die Dinge haben das Gewicht, das wir ihnen beimessen." Das mag zynisch klingen, aber auf die Frage, „was die anderen Leute dazu sagen", scheint es doch zuzutreffen.

Von größerer Bedeutung und schmerzlicher in der Auswirkung als dieses „Ausgerichtet werden" ist jedoch das tatsächliche Verhalten der Umgebung. Hier, glaube ich, trifft es die geschiedene Frau wesentlich härter als den geschiedenen Mann. Das gesellschaftliche Leben hängt bei uns weitgehend mit der beruflichen Stellung zusammen. Da in der überwiegenden Zahl der Fälle der Mann besser im Berufsleben integriert ist, kommen Freunde und Bekannte des Paares vorwiegend aus seiner Arbeitswelt. Außerdem ist er es, den man zu allen gesellschaftlichen Ereignissen einlädt, die Frau wird – wenn überhaupt – als seine Frau mit eingeladen, keineswegs aber als sie selbst, als eigenständige Person. Das kommt mit der Scheidung klar zutage, mag es auch sonst noch so heftig bestritten werden.

So tritt nun für die Frau, die nicht mehr die „Gattin" ist, die Situation ein, daß sie plötzlich oder allmählich von allem gesellschaftlichem Leben ausgeschlossen und abgeschnitten ist. Leute, mit denen sie freundschaftlich verbunden zu sein glaubte, mit denen sie Feste gefeiert und Urlaube verbracht hatte, für die sie Jahre oder Jahrzehnte eine bemühte und gute Gastgeberin war, geben den Kontakt mit ihr auf, ja meiden sie sogar. Man will es sich eben mit dem Geschäftsmann, dem Chef, dem Vorgesetzten nicht verderben, ihm keine Ungelegenheiten bereiten. Geschäftlich und gesellschaftlich gesehen bedeutet die Frau oft nur ein „Anhängsel". Für den Mann trifft all dies keineswegs zu, er hat aus seiner Scheidung in dieser Richtung kaum nachteilige Folgen zu erwarten.

Das oben geschilderte Verhalten bezieht sich durchaus nicht nur auf geschiedene Frauen, sondern genauso auf verwitwete Frauen und ebenso auf solche, die eine berufliche Karriere, aus welchen Gründen immer, aufgaben. Es mag das ein geringer Trost sein, wirft jedoch ein bezeichnendes Licht auf unser gesellschaftliches Verhalten. Es geht anscheinend nicht um den Menschen, mit dem man Kontakt haben und mit dem man beisammen sein will, sondern um die Funktion, die die betreffende Person im gesellschaftlichen Leben innehat. Fällt die Funktion weg, scheidet auch der Mensch sozusagen automatisch aus. Daß dies alles, besonders in einer Zeit, in der die Betroffene durch die Ereignisse sowieso schon verwundet ist, doppelt weh tut, ist klar und trägt wesentlich dazu bei, das Gefühl des Verlassenseins und des Nicht-mehr-gewollt-Werdens zu steigern.

Schwierig gestaltet sich nach einer Trennung oder Scheidung auch das gesellschaftliche Leben in Vereinen, Klubs, Pfarren usw., in denen beide Partner vorher verkehrten, sozusagen beheimatet waren und große Teile ihrer Freizeit verbrachten. Hier besteht ja ständig, je kleiner dieser Kreis ist, umso mehr die Gefahr, einander wieder zu begegnen. Das ist äußerst belastend, wenn nicht gar unmöglich. Meist ist es eine Frage der besseren Nerven, wer hier bleibt und wer hier weicht.

Auch im privaten Freundeskreis ergeben sich Probleme. Freunde, denen beide Partner lieb und wert sind, sehen sich vor die beinahe unlösbare Aufgabe gestellt, für beide gleichzeitig Partei zu ergreifen oder auf heftigen Wunsch des einen den anderen fallenzulassen. Das ist etwas, was sie oft weder können noch wollen. Der Umgang gestaltet sich schwierig, denn auch die Versicherung, man wolle sich völlig aus den Auseinandersetzungen des Paares heraushalten, gelingt kaum. Aus dem Zwiespalt und der Unsicherheit heraus, mit welchem der beiden man nun den Kontakt aufrecht halten möchte, wird dieser nicht selten ganz eingestellt. Es dauert meist ziemlich lange und bedarf großen Einsatzes, bis hier neue Wege und Formen gefunden werden, um eine Freundschaft „herüberzuretten“.

All diesen schwierigen Situationen geht natürlich derjenige aus dem Wege, der nach einer Scheidung einen Ortswechsel vornimmt. Er ist wohl all den belastenden, oft kränkenden Verhaltensweisen der Umwelt nicht mehr direkt ausgesetzt, hat aber die schwierige Aufgabe vor sich, neben all seiner seelischen Not und Trauer einen neuen Bekannten- bzw. Freundeskreis aufzubauen. Das ist für viele Menschen von Haus aus ein schwieriges Unternehmen. In einer derartigen Situation aber ist es nahezu unmöglich, wird nicht von außen entscheidende Hilfe entgegengebracht.

Die Vorstellung, Männern gelänge das spielend und nur den Frauen falle es schwer, ist irrig. Männer, die nach einer Scheidung unter Umständen Firma und Wohnort gewechselt haben, sehen sich in ihrem angeschlagenen Zustand genauso außerstande, neue, sinnvolle und dauerhafte Freundschafts- bzw. Partnerkontakte zu knüpfen. Es ist nicht gerade tröstlich und auch finanziell nicht jedem möglich, allabendlich an einer Bar oder am Wirtshaustisch zu sitzen, um den Abend „herumzubringen“, was häufig geschieht, um der niederdrückenden Atmosphäre eines Untermietzimmers oder einer Garconniere zu entrinnen.

Wird eine Ehegemeinschaft aufgegeben, so treten in der Regel die *Eltern* der gewesenen Partner wieder stärker in den Vordergrund. Für viele Paare ergibt sich, wenn die Eltern es nicht schon durch die vorangegangenen Unstimmigkeiten oder Konflikte erahnten oder erwarteten, das Problem, ihnen die Tatsache der Scheidung mitzuteilen. Das Zerbrechen der Ehe einzugestehen und womöglich gleich um Hilfe irgendwelcher Art bitten zu müssen bedeutet eine weitere Belastung für die Betroffenen.

Söhne, die von der Mutter von vornherein ungern und nur unter vielen „Warnungen“ in die Ehe entlassen wurden, werden gerne wieder aufgenommen, um mehr als vorher verwöhnt zu werden. Fraglich bleibt nur, ob ihnen diese

Verwöhnung, die gleichzeitig ja auch Kontrolle bedeutet, auf die Dauer wirklich zusagt. Die Wahrscheinlichkeit, einmal in einer geglückten Partnerschaft leben zu können, sinkt sicher mit der Dauer des weiteren Beisammenseins mit der Mutter.

Für die Frau, besonders wenn sie Kinder hat, stellt sich die Rückkehr ins Elternhaus als nächstliegende, oft sogar einzige verbleibende Möglichkeit dar. Das kann bei allem guten Willen aller Beteiligten ein recht bitterer Weg sein. Es bedarf doch meist größerer äußerer Umstellungen, auch von seiten der Eltern. Zumindest müssen sie sich, vielleicht vorher allein lebend, nun wieder auf einen größeren Personenkreis, auf ein neues Zusammenleben einstellen. Zudem ist es ihnen oft äußerst schwer möglich, die wieder heimgekehrte Tochter als erwachsene Frau und Mutter von Kindern anzuerkennen. Vielmehr sehen sie in ihr, besonders nach einer gescheiterten Ehe, eher das „Kind", das wieder heimgekehrt ist. Ganz schlimm wird die Situation für die Frau dann, wenn sie auch finanziell abhängig ist oder daheim im elterlichen Betrieb arbeitet, was im ländlichen Bereich und bei Gewerbetreibenden häufig der Fall ist. Dieselbe Abhängigkeit und Unfreiheit trifft sie, wenn sie, um einer Berufstätigkeit nachgehen zu können, auf die Hilfe der Mutter bei der Kinderversorgung angewiesen ist.

Eltern, die das Scheitern der Ehe dieses ihres „Kindes" als eigenes Versagen oder als persönliche Beleidigung oder als schweres Vergehen empfinden, sind im Umgang mit Tochter und Enkelkindern schwierig. Das kann sich für die Frau bis zur Unerträglichkeit steigern, wenn sich die Eltern berufen fühlen, über jeden Schritt, jede Bekanntschaft und jede Unternehmung der Tochter zu wachen, alles zu kommentieren und zu kritisieren. Sie meinen vielfach, sie müßten das tun, um das „Kind" vor weiteren Fehlschlägen zu bewahren. Es ist in einem derartig gelagerten Fall sicher für beide Teile schwer, den richtigen Ton und das richtige Verhältnis zueinander zu finden. Üblicherweise ist es am besten, die Frau kann sich so bald als möglich wieder auf die eigenen

Füße stellen und das selbständige Leben eines Erwachsenen leben, der sie ja ist.

Geschiedene Personen, besonders aber Frauen, brauchen viel Mut, Kraft und Ausdauer, um ein neues, eigenständiges gesellschaftliches Leben aufzubauen. Leichter haben es nur jene, die schon in der Zeit des Verheiratetseins einen eigenen Freundeskreis, eigene, vom Partner unabhängige Interessen hatten. Dies ist aber bei Frauen eher selten. Das ist eine der vielen Aufgaben, die bewältigt werden müssen, soll der einzelne nicht vereinsamt und abseits der anderen ein unausgefülltes und trauriges Dasein fristen.

10. Die erste Zeit danach

Hat ein Partner die Ehegemeinschaft verlassen, so ergibt sich für den anderen zwangsläufig die Aufgabe, eine neue Lebensform zu suchen. Wie das der einzelne bewerkstelligt und wie lange das dauert, hängt unter anderem wesentlich von der Art der Trennung ab. Wie in einem vorhergehenden Kapitel schon gesagt wurde, kann das zunächst einmal eine gewisse Erleichterung oder Befreiung von Angst bedeuten.

Scheut der Partner, der wegstrebt, diese direkte Auseinandersetzung, fürchtet er Szenen und Repressalien aller Art, dann geschieht das Weggehen oft bei Nacht und Nebel. Der Verlassene bleibt dann eine Zeitlang wie gelähmt oder betäubt in einem schockartigen Zustand zurück. Viele schildern, sie sähen rückblickend diese Zeit wie unter einem Nebelschleier; verschiedene Ereignisse, die sich abgespielt haben, hätten sie gar nicht richtig registriert. Eine Frau verglich den Zustand wie mit dem Aufwachen nach einer Narkose. Ein Mann, den seine Frau über Nacht mit zwei kleinen Kindern zurückließ, meinte, nachdem das Ärgste vorbei war, ihm sei die ganze Zeit gewesen, als hätte ihn jemand untergetaucht und unter Wasser festgehalten.

Das Leben ist jetzt, da der Partner weg ist, ein anderes geworden. Erfolgt die tatsächliche, juristische Scheidung bald nach dem Weggehen, so bringt das meist Vorteile. Die Scheidung hat doch oder sollte zumindest den Charakter von etwas Abgeschlossenem und Endgültigem haben. Ein Neubeginn fällt dann leichter. Ist das nicht der Fall, werden etwa die berühmten drei bzw. sechs Jahresfristen abgewartet, wirkt sich das eher negativ aus. Die Jahre werden wenig zur Neuorientierung benützt, die Arbeit an sich selbst wird eher weggeschoben, und die Zeit wird mit Klagen verbracht. Die ganze Zeit wird als lästiges Intervall angesehen, in dem der weggezogene Gatte aus der Ferne beobachtet und bespitzelt wird. Tief depressive Zeiten wechseln mit hoffnungsvollen Zeiten, je nachdem die Nachrichten über das Leben des weggegangenen Partners lauten. Es ist so eine eher destruktive als konstruktive Zeit, die der Verlassene durchlebt.

Ist die Scheidung mit einem Ortswechsel und einer Übersiedlung in eine andere Wohnung verbunden, so lenkt die viele äußere Arbeit, die zu leisten ist, eine Zeitlang von der Trauer ab. Tritt nachher wieder Ruhe ein, so kommt sie umso heftiger wieder an die Oberfläche. Um- oder Wegziehen bringt Vor- und Nachteile. Der Vorteil liegt darin, daß die neue Umgebung nicht mit jedem Detail an Vergangenes und Verlorenes erinnert. Die Schwierigkeiten eines Umzuges bestehen jedoch darin, daß man alte Freunde verlassen und einen neuen Bekanntenkreis aufbauen muß; es sei denn, man kehrt in die ursprüngliche Heimat zurück und wird von Verwandten und Freunden aufgenommen. Soviel mir bekannt ist, geschieht das jedoch eher selten.

Auf Kinder wirken Umzüge je nach Alter verschieden. Sind sie ganz klein, genügt ihnen meist das Mitnehmen ihres Bettchens, einer bestimmten Schlafdecke oder eines geliebten Stofftieres. Größere Kinder haben es mit Schulwechsel, Verlust von Freunden und geliebten Spielplätzen viel schwerer. Kinder haben durchaus auch ein Gefühl für „schönes Wohnen“, für gut ausgestattete Räume. Es bedeutet zusätzliche Schwierigkeiten mit den Kindern, mußte beispielsweise ein Haus mit Garten gegen eine verhältnismäßig kleine und enge Wohnung vertauscht werden.

Bleibt die Frau mit den Kindern in der Ehewohnung, was in den überwiegenden Fällen ja geschieht, so bedeutet es den Berichten vieler Frauen nach eine große Hilfe, wenn diese Wohnung durch Umstellen der Möbel und andere Adaptierung verändert wird. Das müssen nicht unbedingt kostspielige Neuerungen sein, die in der Situation auch den allerwenigsten schon aus finanziellen Gründen möglich sind. Durch Umstellen der Möbeln, Wechseln von Bildern, Anstrichen oder Tapeten kann jedoch eine Veränderung bewirkt werden. Wichtig wäre auch, sich die Frage vorzulegen, ob die Einrichtung mit ihren vielen kleinen Details wirklich dem *eigenen* Geschmack und den *eigenen* Bedürfnissen entspricht oder ob sie unter dem stärkeren Einfluß des Partners und für ihn so gestaltet wurde.

Häufig kommt es bei derartigen Veränderungen auch zu einer „Umverteilung“ der Räume oder Schlafplätze. Auf alle Fälle sollte dabei vermieden werden, ein Kind oder Kinder einfach in das leerstehende Bett des weggezogenen Ehepartners zu legen. Was sich zunächst bei sehr kleinen Kindern als „praktisch“ erweist, kann später ein schwerer Bumerang werden. Es kann schwierig werden, sie an ein eigenes Bett oder an ein eigenes Zimmer zu gewöhnen. Es hat auch nicht sofort sichtbare, aber umso tiefere Wirkungen emotionaler Art. Das Kind, besonders der Knabe, der hier anstelle des Vaters gesetzt wird, betrachtet die Mutter als sein persönliches Eigentum und bildet Bindungen an sie aus, die sich später verhängnisvoll auswirken können.

Abgesehen davon ist es für die Frau selbst doch von großer Bedeutung, einen Raum für sich, für ihre Bedürfnisse und Sachen zu haben, sich auch einmal ungestört zurückziehen zu können. Kindern wird so auch deutlich eine Grenze gezeigt, die in diesem Zusammenleben dringend notwendig ist: Hier ist mein Reich. Auch ich als Mutter habe ein Eigenleben und beanspruche es. Man mag diese Dinge als Äußerlichkeiten oder Nebensächlichkeiten abtun, sie sind es jedoch keineswegs. Wir müssen nun einmal, um unsere inneren Haltungen und Einstellungen anderen deutlich zu machen, auch Handlungen und Zeichen setzen.

Für viele kommt eine neue Sparte von Aufgaben dazu, die für sie bisher völlig fremd war. Für Frauen sind es meist die Reparaturen in der Wohnung und an Haushaltsgeräten sowie der Umgang mit Behörden, Ämtern und Formularen. Für Männer bedeutet es oft die erste Gegenüberstellung mit einem Berg nicht gewaschener Wäsche und verpatzten Mahlzeiten; wobei man aber festhalten muß, daß dies keineswegs eine Norm darstellt. Viele Frauen erledigten während der

Ehe alle Behördengänge und verwalteten das Geld, genauso wie es für viele Männer eine Selbstverständlichkeit ist, kochen zu können und ein Bügeleisen zu handhaben. Es trifft aber jene Männer und Frauen, die nach dem traditionellen Rollen-Schema erzogen wurden und dies auch in der Ehe stark lebten. Sie sehen sich zusätzlichen, fast unüberwindlichen Schwierigkeiten und Belastungen ausgesetzt und brauchen viel Kraft, um zu allem anderen auch noch diese Lernprozesse zu bewältigen.

Sind diese Hürden genommen und tritt eine gewisse äußere Ruhe ein, melden sich Schmerz, Wut und das Gefühl einer grenzenlosen Verlassenheit vehement. Es ist fast unvermeidlich, auf bekannte Geräusche, auf Schritte, auf das Aufsperren der Tür und vieles andere, zu warten und dann plötzlich zu erkennen, daß das alles endgültig vorbei ist.

Größere Kinder haben eigene Interessen, die sie beanspruchen oder von daheim wegführen. Kleinere gehen meist früh zu Bett; so werden bleibende Abende des Alleinseins oft zur Qual. Nicht jeder vermag andauernd zu lesen, fernzusehen oder Musik zu hören. Auch dem, der dies alles gerne tut, bleibt das Gefühl „Mir fällt die Decke auf den Kopf" nicht erspart. Es ist symptomatisch für diesen „Abschnitt", daß die Telefonrechnungen ein Vielfaches ihres früheren Betrages ausmachen. Frauen können der Kinder wegen häufig nicht, wie sie wollen, weggehen. Da sie aber das dringende Bedürfnis haben, mit jemandem zu reden, um ihre Einsamkeit etwas aufzulockern, benützen sie das Telefon. Am schlechtesten fühlen sich meines Erachtens nach jene Frauen, die ausschließlich für diesen Partner lebten und auf ihn fixiert waren. Ihre Welt bestand darin, diesen Mann zu versorgen, die Freizeit mit ihm zu verbringen, seine Hobbys mitzumachen; andere Freundschaften wurden kaum gesucht und gepflegt. In vielen Fällen mag es auch eine gewisse Trägheit und Laxheit gewesen sein, die zu dieser eingeengten Lebensform geführt hat. Das Endresultat ist dasselbe.

Das Suchen nach neuem Leben und neuen Formen der Freizeitgestaltung, nach neuen Freunden, das Erlernen ungewohnter Fertigkeiten stellen für viele eine beinahe unlösbare Aufgabe dar. Neben einer großen körperlichen und geistigen Belastung, der eine Frau durch Kindererziehung, Berufstätigkeit, Haushaltsführung und finanzielle Schwierigkeiten von außen her ausgesetzt ist, kommen unweigerlich quälende Gedanken und trostlose Stimmungen von innen. Eine sich ewig drehende Spirale immer wiederkehrender Frage: „Warum mußte das mir passieren?“ – „Warum ist unsere Ehe zerbrochen?“ – „Was ist falsch gemacht worden?“ – „Warum muß ich so entsetzlich leiden und so einsam sein?“ läßt die wenigen freien Stunden des Tages zur Qual und die Nächte unerträglich werden.

Die Zeiten, die Männer nach einer Trennung oder Scheidung durchleben, so sie nicht sofort zu einer anderen Frau überwechseln, zeigen ähnliche Züge. In der Regel fällt bei ihnen die Obsorge für Klein- oder Schulkinder weg, sie sind daher flexibler und freier in ihrem Tun. Das schließt aber nicht aus, daß viele Väter unter der Trennung von ihren Kindern sehr leiden und schwer daran zu tragen haben. Auch für sie ist es eine Zeit der tiefsten Trostlosigkeit und Verlassenheit, oft in Hotel- oder Untermietzimmern. Viele Männer schätzen eine gepflegte Wohnatmosphäre und gemütliche Häuslichkeit, aber sie können sich diese nicht selbst schaffen. Es bedeutet für Männer fast immer den gelungenen ersten Schritt aus Schock und Depression, wenn sie eine notdürftige Unterkunft in eine beruhigende, ihnen entsprechende Wohnung zu verwandeln beginnen.

Gerade diese erste böse Zeit des Alleinseins, die jeder durchmachen muß, ist eine sehr bedeutsame Zeit. In ihr werden wesentliche Entscheidungen über den weiteren Lebenslauf gefällt und Weichen neu gestellt.

Niemand sollte sich deswegen allzu lange willenlos einer ausweglos scheinenden Situation überlassen und sich tatenlos im Schmerz oder Selbstmitleid dahintreiben lassen oder sich durch Alkohol oder kurzfristige sexuelle Beziehungen zu betäuben versuchen. Werden alle Kräfte mobilisiert, so ist nach einer gewissen Zeit ein Neubeginn durchaus möglich.

11. Trauerarbeit

Einige grundsätzliche Probleme müssen nach einer Trennung bzw. Scheidung abgeklärt werden, soll es zu einem sinnvollen Neubeginn und Weiterleben kommen. Das sind geordnete finanzielle Verhältnisse, die Sicherung der Wohnmöglichkeit, rechtliche und sonstige Fragen, die die aufgelöste Beziehung betreffen. All das ist notwendig und wichtig, gehört aber zu den „Außenbezirken" des Lebens.

In vieler Hinsicht entscheidender und auch belastender ist jedoch alles, was sich im *seelischen Bereich* der Betroffenen abspielt. Die Wunden, die jeder beim Zerbrechen einer so intimen Beziehung, wie eine Ehe es ist, zugefügt bekommt, sind äußerst schmerzhaft und tiefgehend. Es kommt ihnen dieselbe oder größere Bedeutung zu wie etwa sichtbaren körperlichen Verletzungen oder Krankheiten.

Jedem leuchtet ein, daß mit körperlichen Verletzungen „etwas geschehen muß"; sei es, daß man zum Arzt geht oder in ein Krankenhaus oder selbst Mittel und Wege findet, sie zu pflegen und einer Heilung zuzuführen.

Für den seelischen Bereich wird das nicht so ganz akzeptiert. Entweder wird eine versteinerte Stärke zur Schau getragen, die verbergen soll, wie verwundet und angeschlagen man ist, oder die Betroffenen wandern von einem zum anderen, um ihre Bedrängnis immerfort neu zu präsentieren. Das führt aber zu keiner wirklichen Genesung.

Es ist menschlich nur allzu verständlich, daß viele von ihrem Schmerz so erfüllt sind, daß sie ständig davon reden wollen. Eine gewisse Erleichterung wird für den Augenblick zumindest erreicht, aber echte Überwindung bringt es kaum. Genesung kann davon nicht kommen. Zudem tritt bald der Zustand ein, daß die hilfsbereitesten Verwandten und die besten Freunde es bald nicht mehr aushalten, ständig mit der gleichen Sache – denn es ändert sich ja nichts an den Grundtatsachen – bombardiert zu werden; genauso wenig, wie man mit einem Gast oder Besuch, der ewig in Tränen schwimmt oder sich in Zorntiraden gegen den abwesenden Partner ergeht, beim besten Willen auf die Dauer nichts anzufangen weiß. Die Folge ist, daß sich viele Freunde und Bekannte, die anfänglich mitfühlend und hilfsbereit waren, zurückziehen. Das führt bei den Leidenden zu weiteren Depressionen und Klagen über ihr eigenes Unglück. Aber es bringt sie nicht weiter.

Niemand kommt in einer derartigen Situation um gewisse Erkenntnisse herum, niemand erspart sich die Auseinandersetzung mit der zerbrochenen Beziehung und mit sich selbst. Für viele Menschen ist es fast unmöglich oder doch äußerst schwer, das alleine zu tun.

Berater und Therapeuten vermögen hier wirkliche Hilfe zu bringen. Sie können stützen und zurechtrücken beim Verarbeiten des Erlebten und Erlittenen, sie können helfend Hand anlegen, wenn dieses „Leben danach" allmählich geboren wird.

Die Erkenntnis, daß der Mensch, der einmal soviel bedeutete und mit dem voll Freude und Hoffnung ein Leben begonnen wurde, endgültig weggegangen ist oder daß wir selbst nicht mehr mit ihm zu leben vermögen, ist ein Stück *Tod,* das durchlitten werden muß. Es ist doch gleichsam so, als würde ein lebendiger Teil von uns abgeschnitten oder müßte gleichsam abgerissen werden. Das ist, je länger die Beziehung dauert, umso schwieriger und mit umso größeren Schmerzen verbunden.

Nicht umsonst spricht die Psychotherapie von einer „Trauerarbeit", die zu leisten ist, wenn Beziehungen zu Ende gehen. Das gilt nicht nur für den Fall, daß der wirkliche Tod das Ende einer Beziehung setzt.

Wie wir diese Beziehung gelebt und was wir in ihr erlebt haben, ob Freud oder Leid, muß bedacht und der Trauer darüber Raum gegeben werden. Es ist ein ähnlicher Vorgang wie beim natürlichen Tod eines Menschen. Auch da wird getrauert, der Leib wird zu Asche verbrannt oder begraben, über dem Hügel wächst mit der Zeit Gras.

Besonders schwierig gestaltet sich für viele Menschen die Konfrontation mit sich selbst. Jeder hat von sich bestimmte Vorstellungen, und es tut weh, wenn man zu der Erkenntnis kommt, daß diese weitgehend falsch sind oder daß die Umgebung uns ganz anders sieht.

Eine Zweierbeziehung besteht eben aus *zwei* Menschen, die miteinander auf die verschiedenartigste Weise umgehen können. Niemals kann jedoch einer alleine etwas tun, es geschieht immer aus und in Abhängigkeit vom anderen.

So oft hört man von Klienten: „Ich habe *alles* für diese Ehe getan. Ich habe mich immer hintangestellt, auf alles verzichtet. Und er (oder sie) tut mir jetzt das an! Ich wollte immer nur das Beste." Das ist meist sehr glaubhaft, ändert aber nichts daran, daß dieses „Beste", das gewollt wurde, für den Partner durchaus nicht das „Beste", sondern dessen Gegenteil sein kann.

Meiner Erfahrung nach kommt jemand erst dann mit sich weiter, wenn er zur Erkenntnis gelangt, daß er sich nicht außerhalb der gescheiterten Beziehung stellen kann, sondern daß er mitverantwortlich ist und gleichermaßen anteilig am ganzen Geschehen beteiligt ist.

Zu allem gehören zwei: einer, der redet, und einer, der ihn reden läßt; einer, der befiehlt, und einer, der gehorcht; einer, der quält, und einer, der sich quälen läßt.

Eines der wesentlichen Grundgesetze der menschlichen Kommunikation ist, daß niemand sich „nicht verhalten" kann. Wie und wo immer wir sind, geben wir, auch wenn wir scheinbar gar nichts tun, eine Vielfalt von Signalen an unsere Umgebung weiter. Jeder weiß, daß *Schweigen* nicht *nichts* ist, sondern sehr wohl etwas ausdrücken kann. Im richtigen Zusammenhang gesehen, also im Kontext von Verhalten, kann es die verschiedensten Bedeutungen haben wie etwa: Zustimmung, Ablehnung, Gleichgültigkeit, Ohnmacht, Verachtung, Verletzenwollen, Schuldbewußtsein usw.

Es gibt in einer Beziehung nicht einen, der ausschließlich

Opfer, und einen, der nur *Verfolger* ist. Beide sind, so verborgen oder schwer durchschaubar das auch manchmal ist, wechselweise beides. Der Satz „Jedes Opfer hat Krallen" verdeutlicht meines Erachtens die Zusammenhänge auf einfachste Weise.

Kommen die Beteiligten einmal davon ab, überzeugt zu sein, lediglich der *andere* habe Schuld an allem, man selbst sei davon völlig freizusprechen und nur bedauernswert, dann ist eine Grundvoraussetzung gegeben, das Geschehen positiv zu verarbeiten. Selbstverständlich ist das nicht von heute auf morgen möglich, vor allem verlangt es die Bereitschaft dazu.

Das ist eine schwierige Periode im gesamten Prozeß, stellt aber einen wesentlichen Teil der so notwendigen „Trauerarbeit" dar.

Es ist vordergründig gesehen natürlich viel leichter, diese Zeit zu überspringen oder zu umgehen. Eine Möglichkeit, das zu tun, ist es, sich sofort in eine neue Beziehung zu flüchten. Das sieht in der Praxis so aus, daß einer (meist ist es in unseren Breiten der Mann) seine Siebensachen packt und sofort in die Wohnung eines neuen Partners zieht. Im sportlichen Bereich nennt man das den „fliegenden Wechsel". Es mag dies eine sehr passende Vorgangsweise in einer Mannschaft sein, in der man einen verletzten Spieler durch einen anderen gesunden austauscht. Für persönliche Beziehungen ist dieses Modell sicher nicht geeignet. Der Neubeginn des Zusammenlebens mit einem anderen Partner ist interessant, bietet auf diversen Ebenen Abwechslung und erfordert Aufmerksamkeit und Sicheinstellen. Das alles kostet Kraft, lenkt ab, behindert bzw. verzögert die Auseinandersetzung mit der aufgegebenen Beziehung oder aber macht dies gänzlich unmöglich. Das nicht Aufgearbeitete rächt sich einerseits dadurch, daß der einzelne selbst nicht imstande ist, wirkliche innere Ruhe zu finden. Andererseits besteht die Gefahr, daß die neue Beziehung ständig wiederkehrend in das vergangene Geschehen hineingezogen und dadurch belastet wird. Das wird nicht nur als Störung, sondern als Bedrohung empfunden, und ein gedeihliches

Zusammenleben wird auch hier nicht möglich. Nicht selten bedeutet all dies auch das Ende der zweiten Gemeinschaft, und das ganze unglückliche und leidvolle Geschehen beginnt von vorn. Die Betroffenen erleben sich mit der Zeit als „Versager" oder ertrinken im Selbstmitleid und klagen darüber, gerade sie erlitten ein arges, unverdientes Schicksal und hätten bei „Männern" oder bei „Frauen" nur Pech.

Vielfach wird geglaubt, äußere Veränderungen oder Reisen brächten eine bessere und leichtere Lösung der Problematik. Männer versuchen deshalb oft, in Berufe zu wechseln, die einen Ortswechsel mit sich bringen. Frauen, die durch Kinder ortsgebundener und beruflich weniger mobil sind, können seltener diese Lösung wählen. Ortswechsel und Umweltveränderungen vermögen wohl Ablenkung und auch Linderung zu bringen. Das Problem aber, das es zu lösen gilt, nämlich wieder oder vielleicht erstmals zu einem bewußten eigenen Leben zu gelangen, wird selten durch Berufs- oder Ortswechsel gelöst.

Wird das, was einen beschäftigt und womit man sich beschäftigen sollte, durch rastloses Herumirren sowohl von Ort zu Ort als auch von Mensch zu Mensch verdrängt, stehen am Ende nicht eine Bewältigung des Geschehens, sondern tiefste Depression, Ekel und Überdruß. In dieser Lage wird der Selbstmord dann häufig als einziger Ausweg gesehen.

Das Sich-Stellen der Problematik, Mut zur Trauer, das Eingestehen des eigenen Versagens und das Akzeptieren von unwiederbringlich Verlorenem sind eine belastende und oft langwierige Arbeit, aber nur sie führt letztlich aus dem erlittenen Zusammenbruch heraus. Dies alles trifft natürlich nicht nur für jene zu, die staatlich oder kirchlich miteinander verheiratet sind, sondern auch für alle, die durch eine Lebensgemeinschaft miteinander verbunden sind. Psychologisch gesehen erleben sie ja dasselbe.

Zur Trauerarbeit gehört auch, daß man nicht nur von Menschen und der Beziehung Abschied nimmt, sondern auch von Gegenständen und Orten.

Wir hängen doch auch an Wohnungen, Häusern, Gärten

und Gegenständen, die wir gemeinsam erarbeitet, erbaut, gepflanzt oder angeschafft haben. Es ist daher erforderlich, wenn wir sie verlieren, daß wir uns auch hier gestatten, darüber zu trauern, uns Zeit geben, um uns von ihnen zu lösen. Bleiben wir aber oder gehen Dinge mit uns mit, so werden wir auch eine neue Beziehung zu ihnen suchen müssen.

Tun wir dies nicht, dann engen wir selbst unser Leben ein. Niemand außer uns selbst setzt uns Schranken und Zäune, an die wir schmerzlich stoßen.

Wie oft kann man hören: „Dahin kann ich nicht mehr fahren, da war ich ja mit ihm (ihr) so glücklich. Das Musikstück kann ich nicht mehr hören, in dieses oder jenes Theater, Hotel oder Kaffeehaus kann ich nicht gehen, es ist voller Erinnerung." Sicher wird das zutreffen. Nur, weder der Ort noch der Gegenstand ist es, der uns weh tut, sondern wir selbst sind es mit dem, was wir in ihn hineinlegen.

Zudem kommt, daß es eine weit verbreitete Eigenschaft von uns allen ist, etwas, das wir nicht mehr besitzen, zu verklären und mit einem Glorienschein zu sehen. Das berühmte „Quadrat der Entfernung" läßt Unangenehmes eher verschwinden und unter den Tisch fallen.

Bemühen wir uns, die Vergangenheit ohne Glorifizierung zu sehen und die Gegenwart, so wie sie ist, anzunehmen, so wird das zu einer wesentlichen Klärung unserer persönlichen Lage führen. Ehrlichkeit sich selbst gegenüber ist nicht leicht. Sie trägt aber, bemüht man sich um sie, vielfache Zinsen, die nur uns selbst zugute kommen.

12. Die neue Art zu leben

Tritt nach etlicher Zeit eine Normalisierung der Lage ein, wenn alles möglichst umsichtig und unter Inanspruchnahme der zu Gebote stehenden Hilfsmittel geschieht, so kommt es auch zu einer seelischen Beruhigung. Kein Schmerz bleibt monate- oder jahrelang in der gleichen Intensität in uns. Das alte Sprichwort, daß Zeit die Wunden heilt, hat auch hier seine Gültigkeit, vorausgesetzt man *will* geheilt werden und einen neuen Anfang für sich und für die, mit denen man lebt, finden.

Trotzdem gibt es etliche „Engpässe", die leicht zu Stolperstellen werden können.

Immer wieder wird es im rein äußeren Bereich Schwierigkeiten geben, im Beruf etwa, der ein neues Sich-Einarbeiten erfordert, in finanzieller Hinsicht oder durch Krankheit. Immer wieder werden Kinder Schwierigkeiten oder Kummer bereiten, immer wieder einmal wird das Gefühl der Verlassenheit durchbrechen.

Wird auf diese Situationen, die sich als „Fußangeln" erweisen können, besonders Bedacht genommen, sind sie nur halb so gefährlich und können nicht ohne weiteres ein mühsam aufgebautes Lebensgebäude zum Einsturz bringen.

Es gibt für Alleinstehende, aber auch für Teilfamilien, in denen eben ein wesentlicher Platz leer ist, „kritische Zeiten". Das sind etwa Weihnachten und Sylvester, das sind Geburtstage, Jahrestage, z. B. der Hochzeitstag, die Urlaube. All das Genannte und vielleicht noch einiges mehr fällt aus dem gewohnten Rahmen, aus dem festgefügten Alltag, heraus. Weihnachten und Sylvester sind mit einem Gefühlsüberhang belastet und nehmen eine zusätzliche Sonderstellung ein. Es gibt viele Menschen, die sich vor diesen Tagen des Jahres fürchten und nur hoffen, sie mögen vorübergehen.

Wenn man das rechtzeitig bedenkt, kann man der Panik oder der abgrundtiefen Trauer und Verzweiflung einen Riegel vorschieben. Es ist besser, sich mit jemandem zusammenzutun, sich ein fixes Programm zu machen, als im Weinkrampf oder im Alkoholrausch zu enden.

Bringt man einmal den Mut auf, es anders zu machen als bisher, gewohnte Formen bewußt zu verändern, so wirkt sich das positiv aus. Ich habe von vielen Frauen erfahren, daß durch ihre neue Art, zu feiern, bewußt zu planen, bewußt mit anderen Menschen zusammenzusein, die Feiertage besser verlaufen seien und ihnen viel mehr gebracht hätten als in manchem vergangenen Jahr vorher. Eine Voraussetzung dafür ist sicher, sich nicht von den Gefühlen überborden zu lassen und zu glauben, alle anderen seien in trauter Zweisamkeit vereint und genössen alles Glück der Erde, nur man selbst sei der einzige Mensch, der im totalen Elend sitzt.

Auch in „intakten“ Familien kracht es an diesen besonderen Tagen zuweilen ganz ordentlich, auch dort endet manches dieser Feste in Bitternis, Trauer und Einsamkeit. Man kann sehr häufig von verschiedensten Seiten hören, wir alle seien nicht mehr in der Lage, Feste wirklich feiern zu können. Vielleicht liegt es daran, daß viele Menschen zur Religion, aus der die Feste ja überwiegend entstanden sind, keine tiefere Beziehung mehr haben. Vielleicht liegt es auch daran, daß wir alle viel zu verwöhnt sind, 365 Tage des Jahres gute Sachen haben und uns vieles leisten können und daher weiß was unternehmen müssen, um zu einem „Extra“ zu kommen. Einer der großen Vorteile, ein bescheideneres Leben führen zu müssen oder wirkliche Not zu kennen, liegt ja bekanntlich darin, daß man sich viel leichter und über viel weniger zutiefst freuen kann.

Wichtig ist in diesen Belangen auch, daß jeder sich fragt, was er wirklich möchte, was für ihn selbst von Wichtigkeit ist, was das Fest ihm tatsächlich bedeutet; daß man offen und bereit ist, auch mit anderen mitzutun, und nicht im „Trotzwinkel“ sitzen bleibt.

Weitere kritische Zeiten sind Urlaube. In den Tagen, auf

die lange gespart wurde und auf die man sich lange freute, kann es zu Enttäuschungen, ja zu einem Zusammenbruch kommen. Das Gerüst der Arbeit und des Alltages, das uns wie ein Stützkorsett halten kann, fehlt ja. Die von Prospekten im Vielfarbendruck angepriesene Landschaft ist öde, die Palmen wirken nicht königlich, sondern zerzaust, der Sand ist steinig, das Hotelbett ist schlecht, das Personal unfreundlich, die Verlassenheit grenzenlos. Wenn man selbst für diese Zeit kein Programm hat, sich nichts vorzunehmen vermag und womöglich in einem Land ist, dessen Sprache man nicht versteht, wird es statt der Erholung eher eine Katastrophe. Wenn jemand noch nicht ganz fest auf seinen eigenen Beinen steht, ist es besser, sich irgendwo anzuschließen. Das gilt besonders für Frauen mit kleinen Kindern, die der Aufsicht und des Mitspielens bedürfen. Sind mehr Frauen in derselben Lage beisammen, kann man sich die Kinderbeaufsichtigung teilen und kommt zu mehr Freizeit. Frauen berichten häufiger, daß sie bei derartigen Urlauben, denen sie eher bang entgegengesehen hatten, erstmals wieder richtig fröhlich sein konnten, neue Freundschaften schlossen und sich wirklich erholten.

Diese neue und offene Art zu leben kann enorm viel bringen. Nicht alles wird auf die persönliche Situation zugeschnitten und exakt passend sein; manches mag nach kurzer Zeit wieder verworfen und abgelehnt werden. Gerade dieses Ausprobieren aber, das Erkennen neuer Lebensmöglichkeiten, bringt eine Erweiterung des eigenen Horizontes mit sich, erzieht zu Toleranz und Verständnis für andere. Das Leben vermag wieder interessant und lebenswert zu sein, Freude zu beinhalten, wenn auch nicht alles und jedes so ist, wie man es sich im tiefsten Herzen wünschen mag.

13. Die Hilfe von außen

In derartigen Krisenzeiten, wie es Trennung und Scheidung nun einmal sind, ist es notwendig, sich nach möglichen Hilfen und Stützen umzusehen. Ist man einmal so weit, daß man sich entschlossen hat, neu zu beginnen und nach Lösungen zu suchen, dann fällt es oft trotzdem schwer, den Weg dazu zu finden. Viele haben in dem verwundeten Zustand, in dem sie sich befinden, eine Zeitlang eher das Bedürfnis, sich wie ein krankes Tier zurückzuziehen und sich zu verkriechen. Für viele ist es entscheidend, daß jemand sie aus der Lethargie herauszieht und sie so weit bringt, daß sie sich selbst umzusehen vermögen.

Es gibt eine ganze Reihe von Möglichkeiten, die Stütze, Überbrückung, Weiterentwicklung und letztlich Genesung zu vermitteln vermögen. Vieles wird vom Staat, den Gemeinden, den Kirchen und Institutionen für Erwachsenenbildung angeboten. Das geschieht üblicherweise in loser, unverbindlicher Form, so daß jeder, der findet, das Gewählte passe nicht für ihn, ohne Mühe und Aufwand wieder aussteigen kann.

Gelingt es, sich zur eigenen Krise zu bekennen, falsche Scham und Eitelkeit abzulegen, sich einzugestehen, daß es gut wäre, würde man sich ernsthaft und gezielt mit dem Geschehenen auseinandersetzen, so findet sich meist auch die passende Form dazu. In vielen Bildungszentren werden z. B. Wochenendseminare für Geschiedene sowie für in oder vor der Scheidung Stehende angeboten. Sie sind öffentlich ausgeschrieben und jedermann zugänglich. Meist wird in Gruppen von 10 bis 20 Personen gearbeitet. Sinn und Zweck dieser Seminare ist es, den Teilnehmern die Möglichkeit zu geben, bessere Einsicht in die eigene Problematik zu gewinnen und Menschen, die in derselben Lage sind, kennenzulernen. Außerdem sollen sie die Möglichkeit haben, sich mit den Informationen, die für sie wichtig sind, zu versorgen.

Da ich seit Jahren solche Tagungen leite und die Gruppengespräche führe, weiß ich, für wie viele Menschen sie zu einem echten Neubeginn, zu einer Neuorientierung wurden. Ganz ähnliche Erfahrungen machten Bildungshäuser bzw. Institutionen, die Gleichwertiges oder Ähnliches anboten.

In diesen Gruppengesprächen ist es den einzelnen oft erstmals möglich, über die eigene Situation und Problematik zu sprechen. Da die Teilnehmer bewußt zeitweise ohne Programm und Betreuung gelassen werden, entstehen unter ihnen spontan Kontakte, werden Gespräche mit bis dahin völlig Fremden geführt, die sonst nie oder kaum zustande gekommen wären.

Obwohl bisher die Frauen überwogen, scheint es mir von großer Bedeutung zu sein, daß hier durch das Zusammenkommen von beiden Teilen – Männer und Frauen – die Problematik von beiden Seiten her gesehen und beleuchtet werden kann. In dem neutralen Rahmen vermögen manche aus ihrem gewohnten Denkschema auszusteigen und erfahren so ein „Aha-Erlebnis". Viele kommen zur Einsicht, daß nicht allein der Partner an allem Schuld ist, wie sie vorher unfehlbar glaubten, sondern daß vielleicht auch etliches an ihrem eigenen Verhalten gelegen sein könnte.

So berichtete in einem der Seminare eine Frau in anschaulichen Worten, wie es ihr mit ihrem Gatten ergangen sei, wenn sie in der spärlichen Zeit, die er zu Hause verbrachte, das dringende Bedürfnis hatte, mit ihm über die Geschehnisse, die die Kinder betrafen, zu reden. Von sich selbst konnte sie sowieso kaum etwas vorbringen. Während sie sprach, las der Mann die Zeitung, oder sie durfte ihm, während der Fernseher lief, berichten. Die Frau führte aus, wie es ihr dabei ergangen sei. Ein Seminarteilnehmer kam am darauffolgenden Nachmittag nicht mehr. Hinterher in einer Beratungsstunde erzählte er mir, daß er sich in dem Bericht der Frau wiedererkannt habe. Seine Frau habe ihn wiederholt gebeten, sein Verhalten aufzugeben. Er habe es aber nie so ernst genommen, habe immer gemeint, daß sei wohl sein gutes Recht, sich so zu benehmen. Mag das auch als Kleinigkeit erscheinen, so kommt ihr doch große Bedeutung zu. Unser Leben besteht ja nicht aus großartigen Höhepunkten oder tiefster Trauer. In engen Beziehungen sind die täglichen Kleinigkeiten, die nicht beachteten Nadelstiche, die scheinbar unbedeutenden Lieblosigkeiten von viel größerer Bedeutung. Sie sind es, die häufig das Ende der gemeinsamen Beziehung herbeiführen.

In diesen Seminaren wird ebenso als ein entscheidender und wichtiger Programmpunkt Information über das breite Angebot der bestehenden Einrichtungen für soziale Hilfe gegeben. Das verpflichtet niemanden, der noch zu sehr unter Schockeinwirkung steht und verunsichert ist, sich für irgendeine Teilnahme zu entscheiden. Ist diese Zeit aber vorbei, so ist er jederzeit in der Lage, die erhaltene Information hervorzuholen und davon Gebrauch zu machen. Nach unseren Seminaren fragen manche nach Einzelgesprächen, oder sie entscheiden sich für eine längere Beratung oder Therapie. Sehr oft beschließen die Teilnehmer fast vollzählig, zu weiteren Gesprächen beisammenzubleiben. Nicht selten betreue ich eine derartige Gruppe, die etwa in einmonatigen Abständen zusammenkommt, ungefähr ein Jahr lang. Wird sie offiziell abgeschlossen, dann bedeutet das aber fast immer, daß die Teilnehmer untereinander die Kontakte weiter aufrechthalten und daß geschlossene Freundschaften bestehen bleiben.

Ist jemand in seiner Krisensituation einmal so weit gekommen, dann erhält er unweigerlich Kenntnis vom gesamten Netz der Stütz- und Hilfsmaßnahmen, die bestehen.

In unserer Diözese wurden sie in großzügiger Weise sinnvoll durchdacht und jahrelang gezielt aufgebaut. Erwachsenenbildner, Leiter verschiedener Referate und Projekte, Ehe-, Erziehungs- und Familienberater sowie eine große Zahl derer, die selbst diese Krise durchlebten und überstanden haben, arbeiten engstens zusammen.

Gute Kontakte zu staatlichen Stellen, sozialen Einrichtungen und Organisationen sowie zu den Medien erleichtern diese Arbeit und machen vieles möglich, was dem einzelnen gar nicht oder nur ansatzweise gelingen würde.

Ein weiterer Vorteil ist dadurch gegeben, daß wichtige Stellen zusammengefaßt unter einem Dache leben und arbeiten.

Die Leitung dieses Hauses liegt in der Hand einer Juristin, die zusätzlich auf dem Beratungs- und Erwachsenenbildungssektor ausgebildet ist und über große organisatorische Fähigkeiten verfügt. Sie ist gleichzeitig auch Leiterin eines Arbeitskreises für „Alleinerzieher", der seit einigen Jahren besteht. Der Projektgründung voraus ging eine jahrelange Planungsarbeit eines Teams. Außerdem wurde von der Diözese eine Studie in Auftrag gegeben, in der die Lage der Alleinerzieher analysiert wurde. Es ergab sich, daß dies überwiegend Frauen und nur zu einem kleinen Prozentsatz Männer waren. Der Mikrozensus aus dem Jahre 1981 ergab jedoch eindeutig ein Ansteigen der allein lebenden Väter mit ihren Kindern. Es ist nicht abzusehen, wie und ob die Entwicklung so fortschreitet.

Dieser auf den Ergebnissen der Studie basierende Arbeitskreis bietet eine ganze Reihe von Hilfsleistungen an, die speziell für diese Bevölkerungsgruppe zugeschnitten sind. Das reicht von der juristischen bzw. Sachinformation, die für die Beteiligten äußerst wichtig ist, über das Einzelgespräch, zu sehr praktischen Hilfeleistungen, zu gesellschaftlichen Veranstaltungen und zum Angebot von Ausbildungs- und Weiterbildungskursen.

Sehr häufig gestaltet sich der Werdegang so, daß Frauen durch die Medien von der Existenz des Hauses erfahren oder etwa an einem Seminar für Geschiedene teilnahmen. Von dort aus werden sie dann gleichsam mit der gesamten Kette sozialer Hilfe bekannt gemacht.

Eine zwanglose Kontaktaufnahme mit anderen kann beispielsweise im *„Treffpunkt"*, der allen jeden Samstagnachmittag offensteht, erfolgen. In eigenen Klubräumen treffen sich Alleinerzieher, aber auch Verwitwete oder alleinstehende Geschiedene zum Nachmittagskaffee. Als „Hausfrauen", die für das leibliche Wohl, vor allem aber auch für Atmosphäre und Gesprächsführung sorgen, sind fast ausschließlich Frauen tätig, die die Krisensituation von Scheidung und Trennung selbst durchlebt und überstanden haben. Wir betrachten es als einen besonderen Erfolg, daß gerade sie sich ehrenamtlich zur Verfügung stellen. Um ihnen diese Arbeit, die keineswegs immer leicht ist, effizienter zu ermöglichen, bot das Haus eine spezielle, darauf ausgerichtete Ausbildung für Gruppenleiterinnen an, die von vielen aufgegriffen wurde. Sie hat unter anderem zum Ziel, Frauen dafür zu schulen und sie in die Lage zu versetzen, an anderen Orten, Stellen oder Pfarren ähnliche Selbsthilfegruppen aufzubauen und zu leiten.

Eine weitere wesentliche Einrichtung ist der sogenannte *„Tauschmarkt"*. Hier hat jeder die Möglichkeit, gebrauchte Baby- und Kinderbekleidung, aber auch Zubehör wie Gehschulen, Kinderwagen und Sportartikel einzutauschen oder gegen geringe Gebühren auszuborgen. Wenn man weiß, wie rasch Kinder aus ihren oft kaum getragenen Sachen herauswachsen und wenn man gleichzeitig die Preise für Neubekleidung kennt, kann man ermessen, daß dies für viele Frauen und Familien eine enorme Hilfe darstellt. Dieser Tauschmarkt wird ebenfalls von freiwilligen Helfern in Ordnung gehalten und betreut. Viele Frauen, die um sein Vorhandensein wissen, kommen deshalb erstmalig in das Haus und erhalten so Kenntnis von weiteren Einrichtungen, die für Alleinerziehende von Bedeutung sind.

Dort sind auch die *„Tagesmütter"*, ein Projekt, das im Rahmen der katholischen Frauenbewegung gegründet wurde. Die Grundidee besteht darin, Kinder berufstätiger Frauen, die der Pflege und Aufsicht bedürfen, tagsüber bei Hausfrauen, die daheim ihre eigenen Kinder betreuen, gegen Entgelt unterzubringen. Den Kindern wird so eine feste Bezugsperson, sozusagen ein Fixplatz in der Tagesfamilie, gegeben. Außerdem erspart es ihnen das Pendeln zwischen verschiedenen „Aufbewahrungsstellen". Die Hausfrauen erhalten in Form von Kursen eine breitgefächerte Ausbildung, die ihnen alle notwendigen Kenntnisse vermittelt. Eine Projektleiterin regelt die Einsätze und ist gleichzeitig bemüht, Kontakte zwischen den Müttern herzustellen. Der Beruf der Tagesmütter hat sich inzwischen für viele Frauen als guter Weg herauskristallisiert; er verbindet das Herauskommen aus der „Hausfrauen-Isolation" mit dem Erlernen neuer Kenntnisse in der Ausbildung und einem willkommenen Nebenverdienst.

Frauen und Mädchen, die keine Familie haben und nicht wissen, wo sie während ihrer Schwangerschaft und in der ersten Zeit danach leben sollen, finden Aufnahme in der *„Wohngemeinschaft"*. Schwestern sorgen hier für acht bis zwölf Frauen mit ihren Säuglingen bzw. Kleinkindern. Diese Wohngemeinschaft ist als Übergangslösung gedacht, bis sich familiäre Situationen klären, bis ein Arbeitsplatz bzw. eine eigene Wohnmöglichkeit gefunden wird.

Immer wieder kommen Frauen mit und ohne Kinder, die von gewalttätigen Gatten oder Lebensgefährten entweder mißhandelt oder ärgstens bedroht werden. Für sie steht eine Kleinwohnung als sog. *„Notschlafstelle"* zur Verfügung, die ihnen während der ärgsten Krise Unterschlupf bietet und es ihnen auch ermöglicht, in Ruhe ihre weiteren Schritte zu überdenken. Besondere Freizeit- und Urlaubsmöglichkeiten werden immer wieder angeboten, die von Jahr zu Jahr eine wesentliche Erweiterung und Verbesserung erfahren.

Die katholische Frauenbewegung konnte in einer ländlichen Gegend ein Haus „von Frauen – für Frauen" in Betrieb nehmen. Es soll ausschließlich der Erholung, der Entspannung und dem „Zu-sich-Finden" der Frauen und ihrer Kindern dienen. Es sind sowohl Gruppen- als auch Einzelaufenthalte möglich. Eine fachkundige Leitung sowie die Zusammenarbeit und Mithilfe aller ermöglichen es, die Aufenthaltskosten niedrig zu halten; ein Umstand, der für Alleinverdiener bzw. Alleinerzieher besonders schwer ins Gewicht fällt.

Die *Ehe-* und *Familienberatungsstellen* bzw. das *Institut für Familientherapie* sind ebenfalls in einem der Stockwerke untergebracht. Auch das ist ein Vorteil, wird doch dadurch, daß dieses Haus immer voller Betrieb und Leben ist, etwas von der Schwellenangst, die einer derartigen Stelle anhaften mag, genommen. Manchem mag dadurch die Anmeldung zu Beratung und Therapie erleichtert bzw. überhaupt ermöglicht werden.

Alle genannten Einrichtungen arbeiten eng zusammen. Die Leitungen bilden ein Arbeitsteam, das überwiegend gemeinsam plant und entscheidet. So ist auch das Angebot an Kursen, Gruppen und Lehrgängen ein aufeinander abgestimmtes und vielfältiges. Selbstverständlich wird im ganzen Haus auf alle Feste des Jahres Bedacht genommen und so vielen, die sich gerade in einer sehr schlechten persönlichen Situation befinden, manchmal die einzige Möglichkeit eines Mittuns und Mitfeierns und eines gesellschaftlichen Kontaktes gegeben.

Häufig wird gefragt, ob das alles wirklich von der Kirche – wenn auch mit staatlichen Zuschüssen – getragen werde, was dafür als Gegenleistung gefordert werde. Für viele ist auch der Umstand befremdend, daß gerade die katholische Kirche, die ja eine „Scheidung" gar nicht kennt und nicht toleriert, so viel für die Gruppe der Geschiedenen tut.

Mir scheint, daß es uraltes christliches Gedankengut ist, dem, der in Not ist, zu helfen. Zudem ist für die Kirche die Familie ein Ort zentraler Bedeutung und innerste Zelle ihres großen Gesamtgefüges. Es ist daher selbstverständlich, daß von ihr Impulse kommen und Maßnahmen gesetzt werden, um diese „Zelle" besonders zu schützen und ihr beizustehen. Bricht eine Familie auseinander, so bleibt immer noch eine „Rest- oder Teilfamilie" übrig, die recht häufig in großen Schwierigkeiten mannigfachster Art verstrickt ist und besonderer Hilfe bedarf. Gerade die Kirche bzw. deren Leiter wissen in der Regel um die Anfälligkeit und Schwäche, um die Fehlbarkeit, dem alles menschliche Tun ausgesetzt ist. Das helfende und unterstützende Eingreifen auf verschiedene Weisen und auf verschiedenen Ebenen ist ein Zeichen von Verständnis für die menschliche Unzulänglichkeit schlechthin, aber auch gleichzeitig ein Zeichen der Hoffnung und ein Handreichen über Barrieren hinweg zum Bessermachen.

Sicherlich muß dazu gesagt werden, daß in unserer Diözese viel Verständnis gezeigt, besondere Toleranz und Großzügigkeit gewährt wird. Ich weiß von anderen Diözesen, daß mancherorts in kleineren und engeren Maßstäben gedacht und gearbeitet wird. Umso dankbarer nehmen alle, die hier arbeiten, die sich hier bietenden Möglichkeiten wahr. Vielleicht könnte man alle diese Bemühungen, die von der Kirche getragen oder gefördert werden, unter dem Motto zusammenfassen: „Ich frage nicht, wer der Hungrige ist, dem ich mein Brot breche. Es genügt, daß er Mensch ist und hungert.“ Möglicherweise vermag das auch eine Teilantwort zu sein auf die oft gestellte Frage, wohin denn die vielen, von den Gläubigen eingezahlten Kirchenbeitragsgelder kommen.

14. Fragen um neue Partnerbeziehungen

Persönliche Problematik

Hat der Betroffene den ärgsten Schock, die Ängste und die Trauer, die mit dem Auseinanderbrechen der Ehebeziehung verbunden sind, verwunden und ist es ihm gelungen, ein Leben auf eigenen Füßen aufzubauen, dann tritt aller Wahrscheinlichkeit nach auch wieder einmal die Frage nach einem neuen Gefährten auf. Der Zeitpunkt mag für den einzelnen völlig verschieden sein, manche klammern sich schon während der Krise an einen neuen Partner; andere brauchen Jahre, bis sie innerlich wieder soweit sind, um das Wagnis einer engen Beziehung eingehen zu können.

Von der Problematik bzw. der Ergebnislosigkeit, die Schwierigkeiten und das Zerbrechen oder die Beendigung einer Paarbeziehung durch eine rasch geknüpfte neue Beziehung zu überspielen und zu verwischen, wurde schon in vorhergegangenen Kapiteln gesprochen.

Aber auch das Aufnehmen einer neuen Beziehung zu einem viel späteren Zeitpunkt ist nicht immer einfach, will wohlüberlegt sein und beinhaltet etliche kritische Punkte. In dem gesamten Arbeitsbereich, in dem ich mich bewege, überwiegen weitaus die Frauen. Da alle angestellten Überlegungen aus der realen täglichen Praxis kommen und immer konkrete Fälle zum Anlaß haben, sind es ganz besonders in diesem Punkt Verhaltensweisen und Meinungen von Frauen, die zur Sprache bzw. zum Überdenken kommen.

Ein entscheidender Faktor bei einer neuen Partnerwahl ist sicher die Grundeinstellung der Frau. Hier kann man in der überwiegenden Zahl aller Fälle sagen, daß Frauen am Scheitern der ersten Beziehung enorm viel gelernt haben. Das Durchwandern von tiefstem Schmerz, von Enttäuschung,

Schuldgefühlen und vielem anderen kann eine wesentliche Reifung des Menschen mit sich bringen, besonders wenn diese Zeiten bewußt genutzt werden. Dazu kommt, daß die meisten aufgerüttelt werden, zwangsläufig erwachen und nun lernen müssen, allein zu stehen. Diese Erfahrung und gezielte Arbeit an sich selbst, sei es in Einzelberatungen oder in Gruppentherapien, verändern Menschen in oft ungeahnter Weise. Es ist ein beeindruckendes Erlebnis, zu sehen, wie eine völlig unselbständige, verängstigte, an psychosomatischen Symptomen leidende und verzweifelte Frau im Laufe von ein oder zwei Jahren sich in eine sichere, selbstbewußte Frau verwandelt, die nicht nur ihre eigene Lage meistert, sondern auch noch fähig ist, aktiv und kreativ in verschiedenen Bereichen mitzuarbeiten und anderen zu helfen.

Gerade diese Frauen aber sind in der Wahl ihrer Partnerbeziehungen vorsichtiger und klüger geworden. Nicht alle Männer schätzen unabhängige selbständige Frauen, die auch kein Hehl daraus machen, daß sie das sind. Für sehr viele Männer scheint es doch so zu sein, daß sie mit Frauen, die hilfsbedürftig und unterlegen sind (oder so tun, als seien sie es), leichter zu Rande kommen und sich wohler fühlen. Man kann auch in Gruppen immer wieder erleben, daß jene Personen, die Unabhängigkeit und eine gewisse innere Stärke ausstrahlen, auf viele Menschen, auf Männer wie Frauen, angsterregend wirken. Aus dem vergangenen Erlebten und aus der eigenen persönlichen Entwicklung heraus entscheiden viele Frauen, daß sie ihre schwer errungene Selbständigkeit und Freiheit nicht mehr aufzugeben bereit sind. Sie meinen, allein oder mit ihren Kindern besser aufgehoben zu sein. Eine Zweitehe lehnen sie aus diesen und anderen Gründen häufig ab.

Eine eher kleinere Gruppe hat die Traumvorstellung ihrer Jungmädchenjahre trotz alledem beibehalten. Sie träumen weiterhin von „starken Männerschultern“, an die sie sich nach Bedarf lehnen oder an denen sie weinen können. Ich habe nur den Verdacht, daß es so viele starke Männerschultern gar nicht gibt und daß eben diese Männer auch ihre trüben Tage haben, an denen sie, würden und dürften sie es sich gestatten, auch heulen möchten.

Trotz enttäuschender und negativer Erlebnisse bleibt für diese Frauen die Gefahr, sich bei Einsamkeit und Verlassenheit in Wunschträume zu verlieren, groß. Vieles wird von ihnen mit einer Romantik umkleidet, die häufig gar nicht existiert. Daraus erkläre ich mir unter anderem auch den Umstand, daß Frauen häufig mit Ausländern, je exotischer, desto besser, in der Regel nicht sehr positive und haltbare Beziehungen eingehen. Das wird in unseren Regionen durch das Heer von Gastarbeitern bzw. ausländischen Studenten an den Hochschulen sowie durch den völkerwanderungsartigen Betrieb der Ferienreisen in andere Länder äußerst leicht ermöglicht. Was wird bei solchen Bekanntschaften nicht alles in einen Griechen, Araber oder Sizilianer hineininterpretiert, von dem der Betreffende mutmaßlich selbst gar nichts weiß! Zweierbeziehungen gestalten sich sowieso schon problematisch; umso mehr, wenn sie zwischen Menschen geschlossen werden, die sich sprachlich gar nicht oder kaum miteinander verständigen können, die aus einem völlig anderen Lebens-, Religions- und Kulturkreis kommen und daher naturgemäß divergierende Auffassungen über die meisten entscheidenden Dinge des Lebens haben.

Mir ist das Neben- bzw. Gegeneinander eines solchen Paares einige Beratungsstunden hindurch noch lebhaft gegenwärtig. Der Mann war Araber, fertiger Akademiker, die Frau Österreicherin. Die Beratung wurde in englisch gewünscht, da dies laut Aussage des Paares die einzige Sprache war, in der sie sich verständigen konnten. Das Gespräch zog sich äußerst holpernd dahin, besonders von seiten der Frau, die sich auch in dieser Sprache kaum auszudrücken vermochte. Schob sie verzweifelt Worte in deutsch ein, weil sie ihr in englisch nicht geläufig waren, sprang der Mann jedesmal wild auf und drohte die Räume zu verlassen, weil er nicht wollte, daß gegen ihn „intrigiert“ werde. Sein Deutsch bestand aus einigen Brocken; sie ihrerseits erklärte, sie finde Arabisch einfach schauerlich. Die Auffassungen der beiden über Zusammenleben, Umgang mit anderen Menschen, Rollenbild von Mann und Frau waren durch Welten voneinander getrennt. Es dürfte wohl kaum überraschen, daß dieses Paar geschieden wurde. Ich weiß, daß es viele Ehen zwischen verschiedenen Nationalitäten und Rassen gibt, die nicht scheitern. Aber ich meine, daß diese Konstellationen von vornherein mit zusätzlichen Hypotheken belastet sind.

Die Kinder und neue Paarbeziehungen

Es ist kaum anzunehmen, daß Frauen, die unter 30 Jahre alt und als Geschiedene mit einem oder mehreren Kindern zusammen sind, für den Rest ihres Daseins ohne Partnerbeziehungen weiterleben. Abgesehen von allen persönlichen Schwierigkeiten, denen sie durch das Eingehen einer Neubeziehung ausgesetzt sind, ist immer wieder die große Hürde mit den Kindern zu nehmen.

Entschließt sich eine Frau mit ihren Kindern, ohne deren Vater zu leben, oder ist sie dazu aus den Umständen heraus gezwungen, so muß in der Familie zwangsläufig eine Neuordnung getroffen werden. Es passiert nun allzu leicht, daß Kinder oder Jugendliche aus ihrer Struktur von der Mutter selbst herausgehoben werden oder sich selbst herauslösen; d. h., sie bleiben nicht auf der „Kinderebene", sondern sie rücken in die „Erwachsenenebene" hinein und stehen somit mit der Mutter sozusagen auf einer Stufe.

Das sieht praktisch so aus, daß kleinere oder größere Söhne die Rolle des nicht vorhandenen Partners sozusagen „übergestülpt" bekommen, an der sie ihr Leben lang tragen. Sehr deutlich kann man das an der Mutter-Sohn-Beziehung der Familien sehen, in denen der Vater im Krieg gefallen ist. Die Frauen blieben zum Beispiel nach einer kurzen Eheperiode mit einem kleinen Sohn zurück. Vielfach hatten sie in den Kriegs- und Nachkriegstagen keine Gelegenheit mehr zu einer neuen Ehe. Häufig aber wollten sie das wohl auch gar nicht wirklich, sondern lebten „dem Andenken des Toten", wie das immer wieder berichtet wird. Auf das Kind wurden alle Gefühle und alles Erleben abgeladen, und das war begreiflicherweise nicht immer gut. Die Bindung ist eine so enge, daß dazwischen nichts mehr Platz hat. Das bedeutet natürlich für den Sohn ärgste Beschränkung in seiner normalerweise wachsenden Autonomie. Andere Personen können in dieses Bündnis nicht oder nur unter schwierigsten Umständen eindringen. Ich erinnere mich eines besonders krassen Falles, wo eine Witwe ihrem 15jährigen Sohn den Ehering des gefallenen Vaters ansteckte mit dem Bemerken, er dürfe nie weggehen und sei nun an sie gebunden!

Es muß nicht immer so kraß zugehen, aber „Thomas, jetzt mußt du bei uns Vater sein, wo doch der Papa uns verlassen hat…" an einen 12jährigen in Gegenwart seiner zwei kleineren Geschwister ausgesprochen hat eine sicher nicht zu unterschätzende Bedeutung und Wirkung. Mütter nehmen Söhne zum Einkaufen ihrer Garderobe mit oder legen sie ihnen zur „Begutachtung" vor. Töchter bestimmen häufig, ob, wohin und mit wem auf Urlaub gefahren wird. Es passiert häufig, daß 8- bis 12jährige der Mutter „verbieten", sich mit jemandem zu treffen, ihn einzuladen oder irgendwelche Kontakte zu pflegen. Das geschieht nicht immer in offen ausgesprochener Form. Es kann aber noch belastender sein, wenn das Kind bewußt – vielfach aber unbewußt – den Weg über Verhaltensweisen wählt, die die Mutter zwingen, das zu tun, was das Kind „befiehlt".

Jede Mutter kennt die Szenen, die sich abspielen, wenn sie abends weggehen will: Diese können eine Skala von lautstarkem Gebrüll über Bauchschmerzen bis zu Fieberanfällen umspannen. Viele Kinder wählen auch die „neuralgischen Punkte" aus, um die Mutter daran zu hindern, von ihnen wegzugehen. Das ist zum Beispiel das Anrufen bei einer Oma, die 100 : 1 kommt und – was schwerer wiegt – am nächsten Tag der Tochter oder Schwiegertochter einen entsprechenden Empfang bereitet. Neben düsteren Prophezeiungen, was alles „hätte geschehen können", ist hier die Chance groß, die Tochter unter Kontrolle zu halten bzw. einer Schwiegertochter zu sagen, für welch schlechte Mutter man sie hält. Das ist oft auch im Interesse des getrennt oder geschieden lebenden Gatten, der es trotz allem nicht gerne sieht, daß die Frau neue Außenkontakte pflegt, und der im Hintergrund die Drohung parat hält: „Ich werde die Fürsorge verständigen oder das Pflegschaftsgericht, du vernachlässigst die Kinder!“

Ich bin sicher weit davon entfernt zu meinen, man solle Kinder überwiegend unbeaufsichtigt sich selbst überlassen. Es ist mir auch sehr bewußt, wie viele allein gelassene Kinder und Jugendliche an ihrer Verlassenheit und Einsamkeit leiden, ich bekomme es ja oft hautnah mit. Dabei sind das noch die günstigeren Fälle, die den Weg zu Hilfsstellen finden. Diejenigen, bei denen es noch viel mehr im argen liegt, finden selten Zugang zu Beratungsstellen.

Was aber mit entscheidend für eine Familie ist, ist das Lernen, mit dem Leben zurechtzukommen. Dazu gehört einerseits die Lektion: „Die Mutter ist ein erwachsener, eigenständiger Mensch“; und: „Kinder müssen langsam zu autonomen Erwachsenen erzogen werden.“

Beides macht allen, die erziehen, große Schwierigkeiten. Das gilt für Vollfamilien genauso. Auch hier bereitet es vielen größte Schwierigkeiten, ein Leben als Paar neben einem Leben als Eltern von Kindern zu führen.

Es bringt, das erfährt man als Familientherapeut sehr bald, immer Schwierigkeiten, wenn Kinder in der Paarbeziehung „mitmischen“ bzw. von den Erwachsenen hineingezogen werden, sei dies durch Störaktionen oder dadurch, daß sie von sich aus meinen, sie seien für diese Paarbeziehung oder für einen der beiden Elternteile verantwortlich und müßten das alles steuern.

Daß dieses Hineinziehen in die Erwachsenenebene in Teilfamilien umso mehr der Fall ist, ist leicht einzusehen. Viele alleinstehende Mütter kennen auch das Verhalten jüngerer Söhne sehr gut, das darin besteht, jeden auftauchenden Mann als „neuen Vater“ anzuschleppen. Das bringt oft peinliche Momente für sie.

Zwischen diesem Verhalten oder der strikten Ablehnung aller neuen Kontakte durchzubalancieren ist schwierig.

Besonders aufreibend und belastend sind all diese Situationen, wenn die Frau nicht mehr mit nur kleinen Kindern, sondern mit pubertierenden Jugendlichen zusammenlebt. Aus den eigenen Schwierigkeiten und der eigenen Problematik heraus, in der der Jugendliche lebt, gestaltet sich alles noch komplizierter.

Die Problematik Mutter – Tochter, die sich in dieser Altersstufe ja auch in der Vollfamilie naturgemäß äußerst krisenreich und meist „hochexplosiv" gestaltet, wird noch um einige Akzente verschärft. Das bezieht sich besonders auf sexuelle Beziehungen der Mutter, die von heranwachsenden Töchtern mißtrauisch bis neidisch verfolgt werden. Beginnt nun die Tochter ebenfalls, Freundschaften mit Burschen zu schließen und oft lang und unbekannten Aufenthaltes wegzubleiben, dann sieht sich die Mutter, die berechtigterweise einschreiten will, einer fast unlösbaren Aufgabe gegenübergestellt. Sie erhält nämlich bald die patzige Antwort einer 15-, 16- oder 17jährigen, die ihr mitteilt, sie habe ein Recht auf eigenes Leben und lasse sich, da die Mutter ja selbst einen Freund habe, absolut nichts sagen. Diese Krisen bedürfen enormen Einsatzes, vieler Gespräche, eventueller Kontakte von außen, die von den Jugendlichen eher akzeptiert werden, und eines gerüttelten Maßes an Geduld.

Viele dieser Schwierigkeiten kommen aus den vorher besprochenen Verschiebungen der „Generationengrenze" innerhalb der Familie oder Teilfamilie. Manche Eltern glaubten, ihren Kindern Gutes zu tun, indem sie ihnen volle Freiheiten einräumten. Die Welle der „antiautoritären Erziehung" trug das Ihre dazu bei. Man hat inzwischen aber durch schmerzliche Erfahrungen gelernt, daß dem Kind oder Jugendlichen nicht immer damit gedient ist, ihm überall nachzugeben oder „freie Wahl" zu lassen. Wählen kann man ja nur, wenn man weiß, was man wählt. Das kann das Kind oder der Jugendliche für viele Dinge des Lebens aber noch nicht. Auch das „kumpelhafte" Verhalten, das Mütter mit ihren Kindern eingingen, brachte vielfach Enttäuschungen.

Es soll hier nicht einer Umkehr zu der These „Kinder und

Jugendliche haben ausschließlich den Mund zu halten" das Wort geredet werden. Ich meine durchaus, daß es wichtig ist, daß sie in Familien mitreden, die Dinge aus ihrer Sicht darlegen und Wünsche anmelden und daß man dem, wenn es irgendwie geht, auch Rechnung tragen sollte – immer unter der Voraussetzung, daß die Führung zumindest im überwiegenden Maße auf der Ebene der Elterngeneration bleibt. Das bringt ja für die Kinder nicht nur Härten mit sich, sondern bedeutet für sie Halt und Schutz im weitesten Sinn.

All das Gesagte dürfte auch auf Väter, die mit ihren Kindern als Teilfamilie leben, mit einigen Abwandlungen zutreffen. Mir sind jedoch viel zuwenig Fälle in dieser Hinsicht bekannt, um darüber etwas aussagen zu können.

Es ist selbstverständlich, daß das Beziehungsnetz zwischen Elternteil und mit ihm zusammenlebenden Kindern sowie dem abwesenden Elternteil und eventuell neu hinzugekommenen anderen Partnern oft mehr als nur schwierig ist. Viele Menschen, die nicht nur ins Blaue hinein agieren, sondern sich ernsthaft darüber Gedanken machen und sich auch unangenehmen und schmerzlichen Situationen stellen, vermögen es trotzdem positiv zu gestalten. Ich kenne viele Mütter, die über all diese Probleme hinweg sich ein weites Herz für Kinder und deren Anliegen bewahrt haben und es fertigbringen, ein eigenes erfülltes Leben zu leben. Barbara Frischmuth gelang es, diese Problematik in ihrer „Ferienfamilie" in überaus kluger, menschlicher Weise darzustellen.

Diverse Mißverständnisse

Immer wieder klagen Frauen, die mit ihrem Leben allein durchaus zurechtkommen, gerade darüber, daß es im gesellschaftlichen Bereich zu groben Mißverständnissen und dadurch zu unangenehmen Szenen und Situationen käme. Viele von ihnen gehen öfters aus und besuchen Veranstaltungen aller Art. Da sie ja nicht alle dem anderen Geschlecht „abgeschworen" haben, würden sie das auch gerne mit Männern tun. Es ist einmal so, daß die meisten Frauen es genießen, sich gut anzuziehen, sich zu pflegen, einmal auswärts essen zu gehen. Natürlich kann man sagen, sie vermöchten dies alles auch allein oder mit Freundinnen oder den eigenen größeren Kindern.

Es ist nun aber einmal für viele nicht dasselbe, als wenn sie das mit einem Manne tun können. Außerdem ist unser Gesellschaftsleben ja so zugeschnitten, daß es für eine Frau allein sehr schwer möglich ist, sich dort wirklich wohl zu fühlen; werden doch z. B. alle Tanzveranstaltungen und Bälle praktisch ausschließlich von „fixen Paaren“ besucht, so daß Alleinankommende so gut wie keine Chancen haben, zum Tanz aufgefordert zu werden.

Männer scheinen vorwiegend der Meinung zu sein, jede Annäherung und jeder Kontaktversuch einer Frau bedeute unweigerlich, daß sie ihn entweder zum nächsten Standesamt schleppen wolle, um „samt den Kindern wieder versorgt zu sein“, oder zumindest eine sexuelle Beziehung anknüpfen möchte. Beides trifft keineswegs immer zu.

Immer mehr Frauen haben es gelernt oder lernen es, eine Ehebeziehung nicht als ein „Versorgungsinstitut“ anzusehen, mit der zusätzlichen Funktion eines Regenschirmes, der alle Unbill des Lebens abhält. Sie sind durchaus in der Lage und dazu bereit, sich selbst zu erhalten und ihre Schwierigkeiten auszutragen.

Was sie oft gerne möchten, ist ein zwangloses gesellschaftliches Beisammensein, ein freundschaftliches Verhältnis, ein verständnisvolles, anerkennendes Wort oder ganz einfach Spaß und etwas Vergnügen.

Nicht selten wird das alles von Männern nicht wahrgenommen, nicht geglaubt oder überhaupt als Unmöglichkeit hingestellt. Man muß allerdings dazu sagen, daß diese Meinungen auch von Frauen geteilt werden. Auch sie sehen in einer „Geschiedenen“ nur zu oft eine Frau, deren Hauptziel es ist, sich wieder einen Mann „einzufangen“ – und sei es auf Kosten einer anderen Ehe.

Die Tatsache, daß diese Frauen oft nur ganz einfach als *Mensch* gesehen werden wollen, geht häufig unter.

Ich kann mir durchaus vorstellen, daß es im umgekehrten

Fall ähnlich sein kann; daß nämlich Männer keineswegs immer sexuelle Absichten haben und nicht sofort in eine neue Ehe stolpern wollen. Auch sie möchten durchaus den andersgeschlechtlichen Partner eher als Kameraden auf einer freundschaftlichen, ungezwungenen Ebene erleben.

Es würde die Lage vieler Betroffener verbessern, wären Männer wie Frauen imstande, sich vorurteilsfreier und offener gegenübertreten und einander mitteilen zu können bzw. es zu lernen.

15. Die Problematik des religiösen Menschen

Für den religiösen Menschen, insbesondere für den, der der katholischen Kirche angehört, bringen Scheidung und das Auseinanderbrechen von ehelichen Beziehungen ganz spezielle Probleme und Schwierigkeiten. Man muß, so glaube ich, hier wohl trennen zwischen jenen Menschen, die „auf dem Papier" der Kirche angehören, also „Taufscheinkatholiken" sind, und solchen, die in besonderer und tiefgehender Weise sich dem Glauben und dieser Kirche verbunden fühlen.

Man kann durchaus hören, daß es besonders Frauen „leid täte", wenn sie nicht mit all der Feierlichkeit, die eine kirchliche Eheschließung begleitet, getraut werden könnten und lediglich mit einer standesamtlichen Hochzeit das Auslangen finden müßten. Dieser Gruppe werden kaum besondere Probleme auf diesem Gebiete erwachsen.

Für den tatsächlich Gläubigen ergeben sich aber Schwierigkeiten verschiedenster Art, die sein Leben zutiefst beeinflussen. Ist jemand von klein auf religiös erzogen worden, hat er ganz bestimmte Wertvorstellungen aus dieser Erziehung heraus mitbekommen. Es ist ungemein schwer, solche Vorstellungen dem eigenen Leben anzupassen, auch wenn sie sich später oft als falsch erweisen oder auch nur als etwas herausstellen, das eines Neuüberdenkens bedarf.

Das konnte man sehr deutlich am Beispiel des Zweiten Vatikanums sehen, das viel Neues brachte und viele Katholiken förmlich beflügelte, für viele andere aber Verunsicherung bedeutete mit dem versteckten, oft aber auch direkt ausgesprochenen Wunsch: „Es hätte doch alles beim alten bleiben sollen." Man hätte es leichter gehabt und sei sicherer gewesen.

Ein Kernpunkt in der Lehre der katholischen Kirche ist

nun einmal die Aussage, daß es eine „Scheidung“ im üblichen Sinne unter Getauften nicht gibt.

Der Gläubige kennt die hohe Meinung der Kirche von Ehe und Familie, außerdem teilt er sie ja meistens selbst. Gerät nun diese Ehebeziehung in eine Krise und tauchen massivere Schwierigkeiten auf, dann ist das für viele auch aus religiöser Sicht gesehen sehr belastend. Fühlen sie sich doch eingestanden oder uneingestanden zutiefst schuldig darüber, nicht in der Lage gewesen zu sein, eine Ehe positiv im Sinne des Glaubens führen zu können. Die Vorstellung, sich scheiden zu lassen, ist für sie manchmal etwas Undenkbares, etwas, das mit einem absoluten Verbot belegt ist.

Freilich weiß jeder Katholik, daß es möglich ist – auch aus kirchlicher Sicht –, wenn die Verhältnisse untragbar werden, sich vom Ehepartner zu trennen; d. h., daß die beiden Betroffenen getrennt leben können und sich nicht mehr zu begegnen brauchen. Unmittelbar dahinter steht jedoch alles Gelernte, Gehörte und vor allem der Satz: „Bis der Tod euch scheidet.“ Für viele bringt dieses Wissen, daß es letztlich immer noch das Band gibt, das sie zusammenhält, daß sie in irgendeiner Weise versagt haben und in einer Art Not- oder Ausweichlösung leben, viel Leid und Kummer.

Ein nicht zu übersehender Schwerpunkt liegt auch häufig in der inneren Situation eines Menschen, der unter bester Vorbereitung, sozusagen besten Gewissens, eine Ehe eingegangen ist und nun erleben muß, daß sie scheitert. Das erschüttert häufig auch den Glauben; wird doch in der überwiegenden Zahl der Fälle gemeint, Gott oder die Kirche oder beide hätten sozusagen eine gewisse Verpflichtung, für das Gelingen dieser Verbindung zu „sorgen“. Es klingt das Gesagte vielleicht recht primitiv, die Haltung ist aber verständlich, berücksichtigt man, daß doch über Generationen hinweg in einer unselbständigen Denkweise erzogen wurde. Es wurde oft der Anschein erweckt, es hätte der Mensch nur mehr wenig oder nichts beizutragen, wäre er nur „ordentlich“ verheiratet. Heute sieht die Kirche eine besondere Aufgabe darin, junge Menschen auf die schwierige

Aufgabe des Ehe- und Familienlebens vorzubereiten und zu schulen, sie setzt dazu alle verfügbaren modernen Mittel ein.

Gläubige, die an der Aufgabe „Ehe“ gescheitert sind, hadern nicht selten mit ihrem Schicksal und auch mit Gott, sie erleben oft lang andauernde Glaubenskrisen.

Selbstverständlich wird ihre Lage in dem Moment, in dem sie sich einem neuen Partner zuwenden, um ein Vielfaches verschärft, wenn nicht aussichtslos. Es ist ja allgemein bekannt, daß aus kirchlicher Sicht eine Zweitehe nicht geschlossen werden kann.

Entschließt sich ein Gläubiger nun, nur eine staatliche Trauung vorzunehmen oder in einer Lebensgemeinschaft zu leben, so ist er vom Standpunkt der Kirche aus gesehen im Zustand „schwerer Sünde“. Seine Ehegemeinschaft gilt vor der Kirche als nicht existent. Damit ist er – und das ist für den Gläubigen entscheidend – vom Empfang der Sakramente ausgeschlossen.

Diese Schwierigkeiten, Ängste und das Leid, das daraus erwächst, werden von der nichtgläubigen Umwelt vielfach überhaupt nicht verstanden, wenn nicht gar belächelt und als unwesentlich abgetan. Die Betroffenen leben recht oft in einer Umgebung, die taub und blind ist für diese ihre Anliegen. Sie werden dadurch oft in eine Isolation, die ihre Situation noch verschlechtert, getrieben. Leben sie jedoch in einer überwiegend gläubigen Bevölkerungsschichte, so sind sie als Geschiedene vielfach „stigmatisiert“. Das kommt in ländlichen Bezirken stärker zum Tragen als im städischen Bereich.

Meines Erachtens nach hängt es aber auch weitgehend von der Einstellung der Betroffenen ab. Mir sind etliche Fälle bekannt, in denen die Pfarren die geschiedenen Frauen ohne Vorbehalte, ja im Gegenteil um eine stärkere Integration bemüht, aufnahmen. Die Betroffenen selbst zogen sich aber immer mehr zurück, weil sie das Gefühl hatten, jetzt nicht mehr „hinzuzugehören“.

Eine wesentliche Rolle spielen dabei die zuständigen Geistlichen im Umgang mit Geschiedenen. Die Betroffenen klagen oft über unduldsames und verständnisloses Verhalten. Das mag unter anderem auch aus Unsicherheit resultieren sowie aus fehlender Kenntnis der Zusammenhänge. Der überwiegende Teil der Priester ist heute jedoch dahingehend geschult, Gespräche, in denen sie aus der katholischen Lehre heraus keine Zusagen, etwa zum Sakramentenempfang, machen können, in einer Weise zu führen, die von den Beteiligten akzeptiert werden kann.

Das letzte Rundschreiben Papst Johannes Pauls II. spricht im Kapitel über die Familienpastoral wiederholt „vom taktvollen Verhalten“ und von „fürsorgender Liebe“. Sie soll von den Hirten der Gemeinden besonders den Gläubigen entgegengebracht werden, die in den vorher besprochenen Situationen leben oder leben müssen.

Der einzelne Fall wird sich trotz mannigfacher Bemühungen von verschiedenen Seiten oft schwierig gestalten und zu keiner befriedigenden Lösung gebracht werden können.

Alle betroffenen Gläubigen, denen an einer Verheiratung im Sinne der kirchlichen Lehrauffassung liegt, sollten sich jedoch darum bemühen, zu erkunden, ob ihre erste geschlossene Ehe wirklich als sakramental gültig angesehen wird.

Es ist durchaus möglich, daß sich bei näherer Begutachtung des einzelnen Falles herausstellt, daß es sich um keine gültige Eheschließung handelte. Über Vorgangsweisen und Verfahren dazu kann jeder Geistliche Auskunft geben.

Es sei im besonderen darauf hingewiesen, daß über diese Fragen ein ins Detail gehendes Buch erschienen ist: „Ehescheidung – Auswege mit der Kirche“ von Martha Wegan, die an der „Sacra Romana Rota“, dem höchsten kirchlichen Gerichtshof in Ehesachen, in Rom als Advokatin arbeitet.

Da sie Österreicherin ist, besteht durchaus die Möglichkeit, sich in deutscher Sprache um Auskunft bzw. Hilfe an sie zu wenden. Bezüglich der Kosten eines derartigen Prozesses herrschen viele Fehlmeinungen. Man bekommt immer wieder zu hören, habe man genügend Geld, so werde man auch „kirchlich geschieden“. Das ist insofern schon eine falsche Aussage, da die Kirche eine geschlossene Ehe aufgrund ihrer genauen Beurteilung nur als „nichtig“ erkennen kann oder aber die Ehe durch eine sogenannte „päpstliche Dispens“ auflöst.

In hiesigen Diözesen kostet ein derartiger Prozeß, der ungefähr ein Jahr dauert, ca. S 1000.– bzw. DM 150.–. Eventuell benötigte Sachverständigengutachten sind von den Parteien zusätzlich zu bezahlen. Wenn nötig, kann auch ein Anwalt beigestellt werden.

Es kann, wie die Lektüre des erwähnten Buches zeigt, in wesentlich mehr Fällen, als angenommen wird, die Annullierung einer bestehenden Bindung oder eine Dispens und damit die Möglichkeit zu einer kirchlichen Wiederverheiratung gegeben werden. Für den Interessenten lohnt sich eine dahingehende Anfrage auf jeden Fall.

Es erweist sich bei Beratungen immer wieder, daß jeder in derartig tiefen Lebenskrisen Stehende zumindest nach dem Sinn des Lebens, nach Gott und seinen Geboten zu fragen beginnt – mögen sich viele auch als „konfessionslos“ oder der Kirche „fernstehend“, aus ihr „ausgetreten“ oder als „Atheisten“ bezeichnen. Für viele führen der Ausweg und die Bewältigung der Krise auch zu einem neuen Anfang in dieser Richtung.

Der Gläubige, der sich trotz aller Schwierigkeiten und aller Not durch seinen Glauben in Gott geborgen weiß, der die Kraft des Gebetes kennt, hat hier einen unschätzbaren Vorteil, den der Außenstehende oft nicht verstehen kann, manchmal jedoch deutlich zu spüren vermag.